保険販売の新たな地平

保険業法改正と募集人規制

早稲田大学保険規制問題研究所(代表:大塚英明) 編

保険毎日新聞社

はじめに

　本書は、本年5月施行の改正保険業法の下で導入される新たな保険募集制度について実務と理論双方の観点から検討したものである。

　本書は2部構成となっており、第1部は、2013年6月28日と2014年9月26日、早稲田大学大隈記念講堂において開催された「早稲田大学保険規制問題研究所シンポジウム」の際にご登壇いただいた実務家の方々の講演内容である。

　改めてご講演下さった皆様のお名前を挙げさせていただく。

　岡部繁樹氏（一般社団法人日本損害保険代理業協会会長）、

　葛石　智氏（一般社団法人日本保険仲立人協会会長）、

　窪田泰彦氏（保険の窓口グループ（株）代表取締役会長兼社長）、

　鈴木将之氏（静岡銀行・個人部ビジネスリーダー）、

　栗山泰史氏（丸紅セーフネット株式会社常勤監査役）、の各氏である。

　保険募集に携わる保険代理店、保険仲立人、銀行、さらには保険会社の立場から、今後の展望および課題を把握するために大変有益なご報告を頂くことができ、その後の「質疑応答」でもフロアの参加者の皆様と実りあるディスカッションができたと確信している。

　この場を借りて、両日、ご登壇下さった講師の方々、また深い関心をもって聴講下さり、議論に加わって下さった参加者の皆様に御礼申し上げたい。

　次に本書第2部は、早稲田大学保険規制問題研究所（以下、本研究所）の研究員が、今回の保険募集制度改定を受けて、各自の問題意識にもとづき執筆した論考である。これら研究員すべて、大学で日々教鞭をとりつつ「保険学」研究に携わっている。保険募集あるいは保険販売というテーマは、各研究員の保険に対するアプローチが法学系、経済・商学系のいずれであろうと、興味ある研究の展開できる領域と考えられる。それゆえ、研究員ごとに接近

の方法は様々である。

　以上のような内容の本書が、そのタイトルどおり、『保険販売の新たな地平』を明らかにする一助になれば幸いである。

　ここで、本書を上梓する「母体」となった本研究所について若干紹介させていただく。本研究所は、早稲田大学総合研究機構の下にある「プロジェクト研究所」の1つである。「プロジェクト研究所」は、早稲田大学の専任教員が核となり、連携型の共同研究を推進するために発足させるものである。本研究所は、大塚英明氏（早稲田大学法学学術院教授）を所長、筆者を幹事として2012年に創設された。保険会社監督法としてのわが国保険業法の第1条は、「保険業の公共性にかんがみ、保険業を行う者の業務の健全かつ適切な運営及び保険募集の公正を確保することにより、保険契約者等の保護を図り、もって国民生活の安定及び国民経済の健全な発展に資すること」を同法の目的と規定している。「保険契約者等の保護」、さらに究極的には「国民生活の安定及び国民経済の健全な発展」を目的とする保険監督・保険規制を、われわれ研究所メンバーは、常にそこに存在する問題を発見し、その解決を模索すべき分野と考えている。今後とも、皆様方に本研究所へのご支援・ご協力をお願い申し上げる次第である。

　末筆ながら、本書の出版をご快諾下さり、かつ種々のご配慮を賜った株式会社保険毎日新聞社常務取締役の森川正晴氏に心より御礼申し上げたい。

　なお、本書の出版に当っては、早稲田大学総合研究機構「プロジェクト研究所研究成果を対象とする出版補助」による出版助成を受けた。ここに記して感謝の意を表する。

2016年5月29日

早稲田大学保険規制問題研究所
幹事（商学学術院教授）　江澤　雅彦

目　次

はじめに ……………………………………………………………………… 3

第一部　保険業法改正と募集人規制　―実務家の視点―

金融審議会保険ＷＧ報告書の評価と課題 ……………………………… 9
　　岡部　繁樹

保険仲立人からみた保険業法改正 ……………………………………… 27
　　― 保険仲立人と乗合保険代理店の市場競争 ―
　　葛石　　智

来店型保険ショップの現状と展望 ……………………………………… 47
　　窪田　泰彦

静岡銀行の保険販売体制 ………………………………………………… 71
　　鈴木　将之

保険募集ルールの新たな地平 …………………………………………… 91
　　栗山　泰史

第二部　保険募集の課題と展望

保険「募集」概念の再検証と新たな保険契約者保護規制のあり方……… 113
　　大塚　英明

保険募集規制の展開……………………………………………………… 139
　　― 比較情報提供をめぐって ―
　　江澤　雅彦

保険販売業の確立への展望……………………………………………… 161
　　― 保険業法改正（2014）からの視点 ―
　　大塚　忠義

保険募集チャネルの多様化と消費者ニーズ…………………………… 189
　　崔　　桓碩

委託型募集人の適正化…………………………………………………… 211
　　― 新たな保険募集体制の構築 ―
　　内藤　和美

報告者プロフィール……………………………………………………… 234

第一部

保険業法改正と募集人規制

―実務家の視点―

金融審議会保険WG報告書の評価と課題

一般社団法人　日本損害保険代理業協会

会　長　岡部　繁樹

　一般社団法人日本損害保険代理業協会、略称日本代協会長の岡部でございます。本日は、このような機会を与えていただきまして、本当にありがとうございます。

　「金融審議会保険ワーキング・グループの報告書の評価と課題」というテーマでお話しをさせていただきます。本日の概要といたしましては、まず全体の評価、次に意向把握義務と情報提供義務、保険募集人の体制整備義務、代理店手数料の開示、代理店の賠償責任、そして最後に、保険募集規制の適用範囲という順で進めさせていただきます。

1．全体の評価

　先ず、全体の評価ですが、（後掲）資料3・4をご覧ください。今回の報告書の内容は、2005年から続いた保険募集に関する一連の論議に区切りをつけた形になっていると思います。2005年～2006年につきましては、「保険商品の販売勧誘の在り方に関する検討チーム」が設けられ、私どもの荻野会長（現名誉会長）が、この検討チームの委員として参画をしてまいりました。今回のワーキング・グループにおきましても、その経験を生かして論議に参

画できるよう、引き続き荻野名誉会長に代理店サイドの実務者委員として出席していただいた経緯がございます。

今回の報告書では、代理店が直接規制の主体に位置付けられることが示されています。これは一見すれば、代理店にとって規制強化と捉えられがちですが、視点を変えれば、これまで保険会社の傘の下に隠れていた代理店が大人の一員として扱われる、だから、義務も責任も従来以上に負うことになるということだと思います。私自身は、このような方向性は保険代理業という事業の価値を社会が法的にも認めたと考えるべきであると思っています。

今まで代理店は、保険会社に子供のように手厚く守られてきたわけですが、これからは大人としての自覚と行動が必要になるのだと強く感じると共に、代理店自身の真の自立と自律がますます求められることを強く認識する必要があると考えています。

こうした環境の中では、お客さま本位の姿勢をしっかりと持ち続けた上で、企業経営のマインドを持ち、業務を適正に運営していく組織マネジメント力を高めていく必要があります。もはや中途半端な仕事のやり方では生き残ってはいけない環境になっていることは明確だと思います。だからこそ、真に消費者の利益につながる義務であれば、積極的にそれを受け入れ、代理店自身の経営品質向上の機会と捉えることが必要ではないかと、強く考えます。そして、こうした理念を実現していくことが代理店の社会的な評価の向上につながっていくのだと思っております。

私自身もワーキング・グループの論議には随行者として出席していましたが、論議の中で、委員の方が発言された「いいかげんな保険募集人には保険募集を任せたくない」との言葉が非常に印象的でしたし、背筋が伸びました。お客さまの視点でみれば、これが大原則であり、正に基本中の基本なのだと思います。

資料3

1．全体の評価

＜基本的な認識＞

・今回の報告は、2005年から続いた保険募集に関する一連の論議に一区切りをつけたもの

・示された方向性は、代理店にとっては一見すると「規制強化」

　　⇒　代理店自身も募集ルールの遵守主体に位置付け

| 大人としての行動と責任 | 真の「自立」と「自律」 |

・製販分離の流れの中で、経営の自主性発揮が求められる

| 企業経営のマインド | 環境整備（募集制度） |

・真に消費者の利益につながる義務であれば積極的に受け入れ、代理店自身の経営品質・業務品質向上の機会ととらえることが必要

　　⇒　代理店に対する社会的評価の向上につながる

資料4

1．全体の評価 − ②

＜評価できる点＞

- 今回の論議の根底にある考え方・方向性が明示されたこと
- 当局に対し、過度に細かな規制を行うことにより保険募集現場における創意工夫による改善を妨げることがないよう求めていること
- 当局・業界に対し、消費者に対する金融教育の一層の推進を求めていること
  - ⇒　『賢い消費者』をつくることが健全な社会につながる
- 一律に規制をかけるのではなく、代理店の規模や特性、保険商品の特性や顧客の属性等を踏まえたきめ細かい対応を求めていること

＜再認識すべきこと＞

- 保険会社・保険募集人、業界団体に対して、よりよい保険募集の実現に向けて創意工夫を行うことが期待されていること
  - ⇒　募集人の継続的な資質向上への取り組みが最大のポイント
  - ⇒　保険代理業の事業者団体として取り組むべきことがある

資料5に記載していますが、評価できる点につきましては、今回の論議において、保険募集の根底にある考え方が明示された中で、保険募集に対する規制の面においても、ルールベースからプリンシプルベースへの転換が行われ、行政による細かな規制よりも現場の創意工夫に委ねることが重視されたこと、金融教育の一層の推進を進め、賢い消費者作りを求めていること、代理店の規模や特性、あるいは保険商品の特性やお客様の属性を踏まえたうえで、きめ細かい対応を求めていくこと、このような点が評価できる点でございます。

資料5

> **2．意向把握義務・情報提供義務**
>
> ＜意向把握義務＞
> - 一連のプロセスに沿って、募集行為の流れが標準化される
> - お客様との間の募集行為のあり方を見直し、対話をベースにすることが必要
> - お客様を取り巻くリスクの客観的把握・幅広い顧客情報の蓄積が必要
>
> 【留意点】
> - 画一的な書面の使用を求めないとした点は評価できるが、監督指針等で煩雑なプロセスが定められないよう注意が必要
>
> ＜情報提供義務＞
> - 更新・変更が適用除外となったことは評価できる
> - 規制の目的、現場の実態を踏まえた対応が必要 ⇒ 「守れるルール」
> - 損保協会による重要事項説明書の抜本的見直しが早期に、自主的に行われ、そこに代理店サイドの意見が反映されたことは大いに評価
>   ⇒ 自主性と積極性が業界の評価を高めるとともに業界全体の効率化にもなる
>   ⇒ 募集人自身が確実に「使用してお客さまに理解いただくことが何よりも肝要」

また、再認識すべき点は、業界に対して自主的な取り組みや創意工夫への期待感が表明されたことです。これは業界全体の責任でもあるわけですが、募集人の資質向上を図っていくことが従来以上に、大きなのポイントになっ

てくると感じています。

　次に、個別の論点に話を進めたいと思います。

2．意向把握義務

　まず、「意向把握義務」につきましては、実務としては実際の募集現場ではどの代理店もある程度行っていることですが、これからは法に基づいたルールに沿って的確にお客さまの意向を把握し、また、それを契約に反映し、更に、証跡を残すことが求められることになります。単に言葉で「やっています」というだけでは済まないということであり、全ての保険契約は、先ず「意向把握から始まる」ことがルール化されることを強く認識する必要があります。

　ワーキング・グループの事務局が示した具体的なプロセスは、最初に意向を把握し、それに対するプランの提案をします。そして、お客様の意向と提案内容がどう対応しているのかを説明し、必要な情報提供を行って、最終的な意向を確認し、契約に移っていく、このような一連の保険募集プロセスをルールすることを意味しています。

　これは、募集人に対し、お客さまとのしっかりとした対話を求めるものですが、対話を意味あるものにするためには、お客さまを取り巻くリスクを客観的に把握し、幅広い情報を蓄積していく必要があると思います。

　ご参考までですが、私の事務所では、お客さまとの取引のきっかけと、その後のお客様との対応履歴の蓄積が、私たち代理店の成長戦略において大きな財産になると考えて、社内の仕組みをつくっています。当然ながら、お客さまとの対応履歴の中には意向把握も入ります。例えば、最初、お客さまは医療保険をお望みでした。それがお話をすすめていく間に、がん保険というものが重要だ、がん保険の中でも特に一時金は大変使途が広いことに気付か

れます。このように私たちがリスクと医療技術の進歩に伴う保険対応のトレンドを説明することで、お客さまのニーズも変わるわけですが、その変化の履歴も残してデータベース化し、社内で共有しています。対応にあたった社員だけではなく、他の社員がそのお客さまのところを訪問した際には、今申し上げたように、「昨年は、医療保険をお望みでしたけれども、いろいろなご説明をさせていただいた結果、がん保険の必要性を感じられ、現在一時金を重視したがん保険のご契約をいただいています。」というように、代理店全体でお客さまの情報を把握し、蓄積し、活用しています。こうした取り組みは、代理店の皆さんは何らかの形で実務の中で実行されておられることですが、お客さまとの対応履歴の蓄積は、法が求める云々の前に、代理店の成長戦略を考える上においても大きな財産になると考えています。

　なお、商品や募集方法によって現場の対応は様々ですので、意向把握を実務に落とし込む際には、監督指針などで煩雑なプロセスが定められることがないようにお願いしたいと思っています。いいルールを定めたと思っていても、現場の実態とかけ離れた手順を求められて「守れないルール」になれば、規制は形骸化しますので、こうした点は留意しながら、必要な意見は損保協会などにもお伝えしていきたいと思います。

2.2　情報提供義務

　次に、情報提供義務につきましては、損保でいう更新、満期更改と契約内容変更については、変更部分についての説明を求めており、実態を踏まえた内容であることは非常に評価できるところだと思います。更新契約においても新規契約と同様の義務を求められると、損害保険の日常業務はとても回りませんし、お客さまにもご迷惑をかけかねないと思っています。

　先ほどもお話しいたしましたが、規制の目的、現場の実態を踏まえて、守れるルールにしていくことが重要だと思います。

現在、情報提供の柱となる「契約概要」と「注意喚起情報」につきましては、主に「重要事項説明書」にまとめて提供されています。しかしながら、現在の帳票は、文字が小さく、分量が多く、行間が狭いため、とても読む気になれず、説明する際にも使いにくいものになっています。お客さまからも、読む気になれないという苦情を多数いただいております。多くの募集人は、わかりやすく説明するために、パンフレットを併用したり、独自の説明文書を工夫して作成していますが、重要事項説明書が求められる本来の役割を発揮できていない実態があります。

　これを踏まえまして、損保協会では、自発的に重要事項説明書の抜本的改善を図るためのタスク・フォースを立ち上げられ、金融審議会の論議に先立つ形で、大幅な簡素化と読みやすさの向上を図る取り組みを進められました。そして、その内容を反映させた業界のガイドラインをまとめて各社に提示されました。ここで作成された業界としてのプロトタイプは、金融審議会ワーキング・グループでも提示され、委員の方からも非常に高い評価を得ております。

　この募集文書の簡素化のタスク・フォースには、日本代協からも委員を１人加えていただきました。代理店を通して募集現場の声をお伝えし、検討に反映できたことは大きな意義があると思っています。そして、簡素化された以上は、それを現場でしっかり使うのは代理店の役割であり、責任となります。パンフレット等を付随的な資料として活用しながら、大事なことは重要事項説明書を使ってしっかりとご説明し、お客さまのご納得をいただく、この点が募集現場としては強く求められていくところだと思います。

3．保険募集人の義務＝体制整備

　次に、募集人の義務に位置付けられる体制整備義務に話を進めたいと思い

ます。資料6をご覧ください。体制整備義務については、現在、保険会社には課せられていますが、今後は代理店が直接、情報提供義務や意向把握義務等の行為規制の対象になることから、代理店自身にも直接体制整備義務を課すということになっていくわけです。従って、冒頭に申し上げましたように、代理店も自立と自律が強く求められる環境になります。事業者ですから、自立はある意味当たり前ですが、ここで大事なのは、自律、すなわち、自らが立てた規範に基づき行動し、自ら責任を負う、ということだと思います。大人のモラルといってもいいでしょう。

資料6

3．保険募集人の義務

＜体制整備義務＞

> 代理店の「自立（※他に依存せずに独り立ち）」から更に進んで『自律（※自らが立てた規範に基づき行動する）』が強く求められる
> ⇒ 自社ルールに基づく組織型経営の確立

- ☐ 保険会社依存の経営から主体的経営への転換
- ☐ オペレーションからマネジメントへの転換

【留意点】
- 主体的経営の確立 ➡ 費用・時間・要員が必要
   ⇒ 代理店としての経営モデルが問われる
   ⇒ 経営者のマネジメント能力が問われる
   ⇒ 新しい規制の中で将来展望（成長戦略）を描く必要ことが最も重要
- 代理店の規模や特性は様々 ➡ ベストプラクティス構築が重要になる

簡単に言えば、ルールは自社でつくり、それに基づいた経営をするということになります。コンプライアンス研修をイメージしていただくと、今はほとんどが保険会社の研修を受け身で受講しているわけですが、例え保険会社の研修であっても、今後は、代理店主の指示を受けて、主体的に参画すると

いうことだと思います。「自社のルール」と文字にすると簡単なようですが、その意味するところは非常に重いことを認識する必要があると思います。今まで保険会社に依存しきってきた代理店の経営から脱却し、本当に自主的・主体的な経営に切り換えていかなければ成り立たない環境になるわけです。代理店としては変革の契機になりますし、また、そうしなければ今回のＷＧ論議の意味はないと考えています。

　なお、留意点としては、主体的な経営を確立しようと思うと、当たり前のことなのですけれども、人とお金と時間がかかることです。また、組織としての理念・ビジョンなくして成り立ちませんし、経営者のマネジメント力も大きく問われることになります。主体的、とは、気構えだけでは済まないのです。現状、企業経営者と言われる代理店主は少数でありますので、今後の大きな課題であると認識しています。

　また、報告書では、体制整備義務の内容は、「代理店の規模や特性はさまざま」であることを踏まえ、画一的な体制を前提にはしていません。この点は評価できるところですが、監督指針の中に定められていくときには、当局に現場の実態をお伝えし、過度な規制にならないよう求めていきたいと思います。

3.2　乗合代理店に対する追加的体制整備義務

　次は、乗合代理店に対する追加的措置について、お話をさせていただきます。資料７をご覧ください。

　比較推奨販売を行う場合には、お客さまに対し、比較可能な商品の全容を明示し、その推奨理由の説明をきちんとやってくださいということになります。これを受けまして、乗合保険会社を集約しようという代理店も出てくるでしょうし、その反面、これはいいチャンスだ、もっと比較推奨販売を展開して消費者の信頼を得ていきたいという代理店も出てくると思います。

その際に課題になってくるのが、現行の乗合承認制度、ならびに、代理店の販売方針と代理店手数料体系等のミスマッチの問題です。まず、「乗合承認制度」について、私たちは、どのような代理店でも乗り合う必要があるとは考えていないことを前置きしておきたいと思います。今回示された方向性を踏まえると、乗合代理店としての本来の価値、すなわち、多様な商品の品ぞろえでお客さまのニーズに応えるためには、それを可能にする要員、能力、教育体制、社内の仕組みなどが必要になりますので、安易な乗合は、お客さまにも迷惑をおかけしますし、代理店経営上のリスクにもなりかねません。一方で、代理店の発展段階によっては、お客さま対応上、品揃えを豊富にする必要が生じることもあります。特に中小企業のマーケットや医療、介護、年金等の分野においては、個々のお客さまのニーズにお応えするために、複数の保険会社の商品を必要とするケースもあると思います。

資料7

```
３．保険募集人の義務 － ②
＜乗合代理店に対する追加的措置（規制）＞
    ➢ 比較推奨販売を行う場合➡比較可能な商品の全容明示と推奨理由説明
```

```
    □ 乗合保険会社の集約化の動き
    □ （一方で）積極的に比較推奨販売を行う動き　➡　課題となるのは・・・
```

・現行の乗合承認制度の問題

・既委託保険会社との信頼関係を前提にした、顧客志向の合理的な乗合制度の確立　➡　保険会社も代理店も顧客目線で大人になる

・代理店の販売方針と代手体系等のミスマッチ

・代理店の自主性発揮や成長を後押しする制度になっているか再検討必要
・業法改正が目指す方向に合致しているか確認が必要
　⇒　ベクトルを共有し成長するために・・・真摯な対話の継続が必要

しかしながら、現状では、乗合は極めて困難なのです。多くの保険会社は代理店の専属主義を打ち出しています。そのこと自体は会社方針ですから、私たちは反対する立場にはありませんけれども、お客さまにとってメリットがあり、代理店の発展にもつながるのであれば、代理店の自主的経営を後押しする観点からも、合理的な乗合のルールを作っていくことが必要ではないかと考えています。これまでも度々提言をしてきていますが、引き続き、こうした思いを各保険会社にお伝えしていきたいと思います。

　次に「代理店の販売方針と代理店手数料等のミスマッチ」についてですが、現状では、代理店の販売方針と代理店手数料体系が必ずしも一致しているとはいえません。代理店が自主性を発揮しようにも、代理店手数料体系は一律なのでそれを発揮できる内容にはなっておらず、代理店の自由な発想や工夫は阻害されている面があると、私自身は思っています。保険会社に対しては、今後も我が国における保険普及において、代理店というチャネル、その中でもプロのチャネルが本当に必要であれば、代理店手数料の体系が、お客さまの満足や、代理店の成長、自主性の発揮などを後押しする形になっているのか、ということをこのワーキング・グループの報告を機に、もう一度振り返って見直していただきたいと思います。

　その際には、当然のことながら、保険会社と代理店は真摯な対話を重ねていかなければなりません。保険会社とベクトルを揃えて、お客さまの満足を高め、信頼され、支持される業界を創り上げていくという方向性を共有し、改善・改革の努力を行っていく必要があると考えています。

４．代理店手数料の開示

　次に、資料８をご覧ください。代理店手数料の開示の義務化につきましては、結果的には見送られることになり、この点は評価しています。前述した

各種義務が募集人に直接求められることになり、代理店を巡る規制環境は大きく強化されますし、損保の代理店手数料体系というのは品質重視になっていますので、金額だけ提示するのでは消費者に誤解を与えるおそれがあるという観点等も踏まえておく必要があると思います。

その一方で、開示の義務化に関わらず、代理店手数料は「募集人自らの価値だ」と言い切れるような代理店の存在価値や付加価値、強み、独自性等をきちんと明示して、実力を発揮できるようにする必要があると思います。

開示義務化見送りで良かった、というレベルでは、生き残ってはいけません。先ずは、代理店自身が、お客さまに対して自分が果たしている機能と価値を検証し、それをさらに磨いていく必要があると考えています。

資料8

4．代手開示・代理店の賠償責任

＜代手開示＞
- ➢ 現状では損保の代手は個別契約の成功報酬の色合いが薄く、品質重視の体系
  - ➡ 手数料の比較は消費者に誤解を与えるおそれ
  - ⇒ 一方で、『代手は自分（代理店・募集人）の存在価値』と言い切れるだけの付加価値、強み、独自性を明示できる実力が必要

＜代理店の賠償責任＞
- ➢ 求償権行使の義務化は見送り ➡ 「適切な行使」を求めた
- ➢ 代理店に対する体制整備義務が課されることで求償権行使のケースは増えることが想定 ➡ 代理店賠責は「代理店経営のプロテクター」
- ➢ 日本代協の代理店賠責「日本代協新プラン」は損保のみならず生保・少短の契約に関わる事案、被訴訟事案も対象

【課題】
- 保険会社サイドの業法第283条の理解が不十分

4.2 代理店の賠償責任

　代理店の賠償責任につきましては、求償権の行使の義務化は見送りになりました。ただし、保険会社に対しては、今後、適正な求償権の行使が求められる環境になると考えています。これは、代理店自身に自らの行為の責任をとれるだけの資力の確保が求められることを意味しています。その観点から、代理店賠償責任保険は「代理店経営のプロテクター」としてその重要性を大きく増すことになると感じています。

　私ども日本代協では、10年以上前から団体契約の形で、代理店賠償責任保険を会員の方にお勧めしています。損保のみならず、生保、少短の契約にも適用されますし、訴訟対応費用にも対応しています。施設賠償責任等のリスクも織り込んだ代理店経営の総合賠償プランになっています。興味を持たれた方は、日本代協の事務局にご照会、または、弊会ホームページへアクセスしていただき、概要をご覧いただければ幸いです。

　なお、代理店への求償のベースになるは、保険業法第283条に定める「所属保険会社の賠償責任」の規定ですが、保険会社の現場サイドでは、この283条の賠償責任の考え方については必ずしも十分な理解をされていない実態もあります。賠償責任の位置づけは、代理店と保険会社の双方に周知する必要があると感じておりまして、私どもとしては、各県の代理業協会の研修の場や、保険会社の業務連絡会等において、セミナーを開催しているところです。

5. 募集規制の適用範囲

　最後に、募集規制の適用範囲、すなわち「「募集行為」の定義について、お話ししたいと思います。資料9をご覧ください。

　募集規制の適用範囲の再整理と明確化につきましては、報告書の中で、①報酬を受け取ること、かつ、②商品の説明、推奨に関しての一体性・連続性

が認められるときには募集行為と見なす、という二つの基準が明示されましたが、この点は評価できると思います。インターネット上においては、募集規制違反ではないかと疑われる事案も見受けられますので、適正な募集環境の維持のため、そうしたケースについては、当局に情報提供を行ってまいりたいと思います。

　委託型募集人の取り扱いにつきましては、使用人としてふさわしい教育・指導・管理が条件とされました。単なる規模拡大により代理店手数料アップを狙った形だけの大型代理店に一定の歯止めをかけ、適正化を図っていくことにつながりますので、この点は評価できると思います。

（注：この時点ではこの仕組みが禁止されるとは捉えていなかった。その後、金融庁から全ての委託型募集人の適正化を求められ、2015年3月末までに、雇用・派遣・出向等の形態への転換が求められた。）

資料9

> 5．募集規制の適用範囲
>
> ＜適用範囲の再整理・明確化＞
> - 近時、NET上で募集ルール違反ではないかとの懸念をもたれかねない事案も散見されており、募集規制の及ぶ範囲について、再整理・明確化のための判断基準（メルクマール）を示したことは評価
>
> ＜委託型募集人の取扱い＞
> - 規模代手狙い等の形式的な委託型募集人の存在が懸念される状況であり、適正化を図ることは評価
> - 一方で、現状において各社の定めたルールに基づき、適切な教育・指導・管理が行われているケースにまで影響を及ぼすことは反対
> - また、委託型募集人の仕組みは、環境変化に適合した販売チャネルの構造改革を進める際の重要な選択肢の一つとなっており、今後もこうした仕組みは、適正な運用のもとに活用していくことが必要

その一方で、現在、各社の定めたルールに基づいて、適正な教育・指導・管理が行われているケースにまで影響を及ぼすことは反対です。委託型募集人制度を活用されている代理店であれば皆さんやっていることですが、日報の提出を求めていますし、1週間に1回以上の面談を行なっています。また、1年に2回以上、個別訪問をして、情報管理等を含めどのような状況で仕事を行っているか、といった点を確認し、記録を残し、保険会社から提出を求められた際には、いつでも提出できるよう準備を整えているのが現状です。このうえに更に種々の管理を追加されたら、現場は煩雑になって大きなロードになりますので、現在、指導・教育・管理を適切に実施している保険会社と代理店については、現状を維持できるようにしていただきたいと強く思います。（注：上記の通り、この要望は考慮されることなく、委託型募集人の仕組みは、業法に抵触する募集の再委託に当たるとして、適正化が求められた。）

　なお、委託型募集人の仕組みは、環境変化に適応した販売チャネルの構造改革を進める際の選択肢の一つでもありますから、適正な運用を前提に活用の道を残すことが必要だと考えています。（注：この点に関しては、「勤務型代理店等」の形で、再委託の問題をクリアした上で活用できるスキームが新たに認められることになった。）

6．最後に

　主要な項目についてのお話しは以上とさせていただき、最後のメッセージに移ります。

　保険業界におけるお客さま満足の決め手は、何といっても募集人の資質向上であり、その仕組み作りが重要なポイントになります。資質は目に見えませんが、それをお客さまから見えるようにする一つが「資格」だと思います。現在、資格は、募集人登録のための要件という位置づけですが、お客さま対

応力向上のために、自ら学び自らを高める資格についても評価する仕組みが必要ではないかと考えます。その最も適した制度が損害保険業界共通の募集人資格認定制度である「損害保険大学課程」ではないでしょうか。日本代協は、現在、本制度の指定教育機関としてカリキュラムの企画・運営に携わっていますが、今後も損保協会と連携し、損害保険大学課程の受講推進を通して募集人の資質向上を図ってまいります。併せて、募集人が継続して学ぶための仕組み作りも行ってまいります。

なお、代理店に直接体制整備義務を課し、行政が直接監督する体系に変わるのであれば、募集人資格についても、公的な資格の位置づけを与えるということを視野に入れていただきたいと強く思います。こうした意見も引き続き、様々な場面で表明したいと考えております。

資料10

```
6. 最後に・・・
  □ 募集問題は終わりがない永遠の課題 ⇒人は入れ替わる
  □ お客様満足の決め手は、分かりやすく納得感のあるスキームの確立と募集人の対話
    能力向上の仕組み作り
```

⇩

損保協会と連携しながら「損害保険大学課程」の質・量ともに拡大を図る

募集人が継続して学ぶための仕組みづくりを行う

募集人を行政が直接監督する体系に変わるのであれば、募集人資格についても公的関与を深めるべき

話は少し変わりますが、今日の延長線上のお話を2点させていただきます。
　1点目は、募集文書の登録制度についてです。現在、代理店が募集文書をつくる場合、各保険会社の承認が必要になります。但し、その基準は必ずしも統一されていませんので、代理店が独自の募集文書を作成しようとすると、バラバラの基準の中で全社の承認を取付けることが求められて、なかなか迅速に作成できないケースが多々あります。各社の内容はそれぞれ指示に従うとしても、比較文書全体の表示の適切性は、代理店自身が責任を負うことでもいいのではないかと思います。共通化・標準化の問題は、単に保険会社だけの問題ではなく、代理店サイドでも取り組んでいくことが今後必要だと思いますし、そうした取り組みは、この業界が、販売側の目線から購入側の目線へと転換する良い機会にもなっていくのではないかと思います。
　2点目は、業界の共通化・標準化の点です。保険会社には少し失礼な言い方ですが、現場にいると、競争のための競争が見え隠れするところがあります。本当に消費者のためになる、そして、代理店・保険会社の業務の効率化につながるのであれば、業界全体で取り組んでいかなければ、わかりやすい保険商品の提供や業務の効率化を図ることはできないと思います。何でもかんでも競争するとなれば、社費も上がりますし、社費が上がればお客さまの保険料に跳ね返る可能性もあります。従って、お客さま本位の視点で考えて、協調すべきは協調し、競争すべきは競争する、という健全な環境にしていくべきだと考えます。日本代協としても、損保協会に協力する一環のなかで現場サイドの声をお届けし、できることから実現していきたいと思います。
　以上で、代理店の立場から見た「金融審保険ワーキング・グループ報告書の評価と課題」の話を終えさせていただきます。ご清聴、ありがとうございました。

（本稿は2013年6月28日のシンポジウムの基調講演に加筆したものです。）

保険仲立人からみた保険業法改正
－保険仲立人と乗合保険代理店の市場競争－

株式会社日本総険　代表取締役社長
一般社団法人日本保険仲立人協会　会長
葛石　　智

1．総論

　わが国の保険募集は、生命保険分野は主に外務職員または営業職員が扱い、損害保険分野は保険代理店または直販社員によって募集活動がなされてきた。1996年の保険業法改正までは、保険募集の取締に関する法律（募取法）により、主として保険募集人、保険代理店の登録関係の規制が行われてきたが、業法改正により保険仲立人制度が登場し、初めて保険仲立人に対する保険募集に関わる行為規制が定められた。このことは保険募集に行為規制が導入された始まりといって過言ではない。1996年以前の保険募集環境は、一言で表現すれば厳格なものではなく、契約手続が不明瞭なところもあったから契約者からの苦情、トラブルが多発することともなっていたように思う。しかしながら、この業法改正は、せっかくの橋本内閣のビッグバン政策による国内規制改革に沿った保険制度改革の機会であったにもかかわらず、当時の保険審議会は、保険募集に関しては保険仲立人制度導入に関わるところのみにしか踏み込まなかった。このことが、後の保険会社の保険金不払による営業停

止等々の事件に影響を及ぼし、また一方で、保険の店舗販売展開において、行為規制の不明瞭なところを利用した広告による募集拡大から、また新たな苦情、トラブルが生まれる事態ともなり、結局、保険仲立人だけではなく、保険募集人および保険代理店への行為規制も求められるとして今般の金融審議会ＷＧの改革答申となったと理解している。

表1

1996年保険業法改正により 日本における保険ブローカーが誕生
保険審議会答申（以下抜粋）

- 我が国の乗合代理店が、諸外国における保険ブローカーに近い機能を有している面がある。

- 募集制度は各国の歴史、風土に根差したものであり、我が国においては保険ブローカーの活躍する余地は限られているものではないかと、現状認識した上で、中立的な立場から利用者に最もふさわしい保険商品をアドバイスすることができるので、現行の代理店制度とは異なる存在意義が認められる。

- 保険ブローカー制度を日本に導入することにより保険チャネルの多様化、販売面での競争推進が期待出来る。

- 我が国に保険ブローカー制度が根付くかどうかは、利用者や市場の判断に委ねるべきであると考える。

- 国際性の視点に立って、我が国の保険販売においても、国際的整合性と本邦企業活動の国際化の進捗を鑑みると、制度として保険ブローカーの参入に道を開いておくことが適当である。

保険仲立人からみた保険業法改正

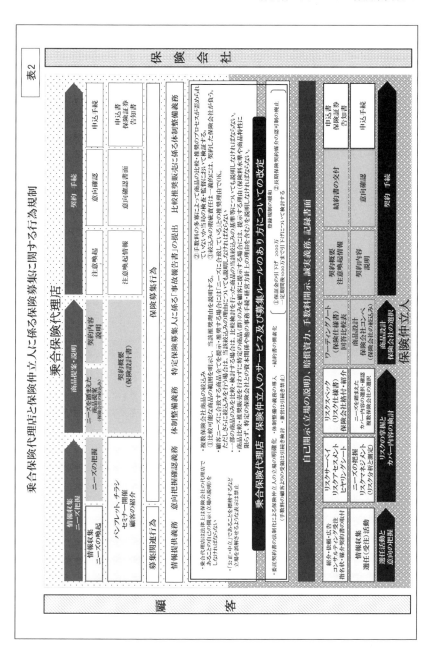

他方で、保険仲立人ビジネスのこれまでの進展状況に目を向ければ、ビジネスモデルが主として企業分野に集中した展開であったことを割引いても、行政に寄せられた苦情、トラブルがゼロであるという事実は、従来の保険仲立人制度があまりに理想的過ぎる行為規制の見本のようなものとなってきたことをも示している。そこで、保険利用者がこれまで保険仲立人制度を受け入れなかった原因となった問題点を、金融審議会ＷＧの規制緩和の再検討対象とされた。また、1996年の審議会答申にあった「日本の乗合代理店が諸外国における保険ブローカーに近い機能を有している面もある」という認識により、保険仲立人規制と乗合代理店規制を同等なものとすべきではないかという主張が論点ともなった。そもそも保険利用者にとって、保険仲立人を通じた保険購入と保険募集人または保険代理店を通じた保険購入のどちらを選択するかという場面において、保険購入の安心・安全のルールが異なることは、制度として不具合なことになるということである。

　今回の改正は、この当り前の募集ルールが保険販売全般にわたって実行される募集制度改革となったと理解でき、保険利用者にとって健全な募集環境に一歩近づいたものと言えるのではないだろうか。

２．保険仲立人の現状
―業法に則った募集業務ワークフローを生む苦しみ―

　このたびの業法改正による保険募集規制で、1996年業法の保険仲立人制度とほぼ同等な行為規制が導入されるのならば、なぜ保険仲立人がこれまで進展しなかったのかという疑問の答がこれから先の保険代理店、保険募集人の苦労の始まりとしてわかることになる。改めてこれまでの保険仲立人に与えられた課題を点検してみることにする。

（1）自己の開示

　保険仲立人には、それまでの募集人にはなかった書面による自己の立場の開示が定められた。

　その中に保険代理店ではないことの、「権限のない」ことを明示する事項がある。この権限とはすなわち、保険契約締結権、保険料領収権、告知・通知受領権の3権を指す。法的には、なるほどと当然の開示事項だと考えるところだが、顧客視点では契約手続をお願いして大丈夫なの？という不安が横切ることが請け合いとなった。他方で生保の募集人には、やはり3権がないにもかかわらず書面開示義務はないし、保険代理店にも、その立場について書面による開示は義務付けられていない。これは保険流通業界としては公平ではない。

（2）立場のあやふやさ

　保険仲立人は、営業活動のスタートにおいて、顧客と保険会社とのスタンスの取り方がわからない。保険募集人は、保険会社を背にして顧客の顔を見て商売すればよい。これはわかりやすい。一方、保険仲立人は顧客と保険会社の中間にあり、そしてどちらの肩も持たない。これが媒介だと言われる。そのような立場で商売ができるかという疑問が生れる。これは保険仲立人会社の社員のモチベーションにかかる課題となることが多い。

　立場を明確にする手続きとして、保険仲立人と保険会社との間で取り交わす業務契約書の中に顧客からの保険仲立人指名状の取付・提出の規定がある。この指名状については法的にはどこにも規定がない。したがって、欧米でブローカーが使用しているカバーレターないしバインダーを根拠として、商法仲立人の指名状を準用しているが、もともとは日本損害保険協会が策定したもので、保険仲立人の対保険会社向けの保険契約締結に係る顧客受託の証としての唯一の証憑である。

ところで、この指名状の取付であるが、保険契約を獲得しようとするとき、顧客が指名状を保険契約のための委任状と誤解することがあり、「保険加入するのになぜ委任してまで貴社に頼むのか。そこまでは考えていない」と断じられることがあった。したがって、事業スタート当初は指名状を取り付けることが営業活動なのだということになって、ビジネスの始まりにあたっては、つまるところ保険代理店と保険仲立人の違いを説明することに終止することになり、そのための時間がビジネス展開の阻害要因の一つであった。

（3）結約書の交付にかかる手間
　保険契約が成立した際に、保険仲立人は結約書を交付する。これは商法仲立人と同様になっている。形式は、成立した保険契約条件を明記して、顧客、保険会社の確認印（署名、捺印）を取り付けたものを交付する。この書面の持つ意味は大きく、顧客の意向確認の書面ともなるためおろそかにはできない。しかしながら、二つの側面から問題提起できる。
　まずは交付に至る取付の手順で発生する手間である。契約が成立すれば、その内容を結約書に明記するが、これは保険契約申込書記載事項とまったく内容が同一である。まず、顧客に申込書と結約書の2枚に同一内容を記載した上で署名・捺印をもらうことの不都合がある。そして、次に顧客の署名・捺印を得た結約書を保険会社に持参して、引受受諾として署名・捺印をもらい、その上でこれを顧客、保険会社の双方に交付する。手続としては理解できても申込書が完璧ならば、二重作業にならないかと言えないだろうか。
　次に保険仲立人は、保険代理店とはまったく異なるビジネスポイントがある。それは保険商品を販売するのではなく、リスクカバーを販売する商売であるということである。保険仲立人ビジネスでは、カバースペックに

て顧客と打合せ、顧客から承認されたものを保険会社に契約条件として照会・求率しているため、保険会社から得られるコンディションがカバースペックと合致しているかどうか、またはどこが満たされていないのか等、結約書の項目に該当する事項は、結局のところ営業プロセスにおいてすべて顧客、保険会社とも承知、承認している事柄となっているのである。

　以上の二つの観点より、結約書の簡素化又は省略化が提起された。

（4）保険仲立人には参入障壁がある

　保険業法の改正により保険仲立人制度が発足した1996年当時は、保険仲立人は黒船の落し子であった。それまでわが国の保険流通は、保険会社の直営業分野と代理店が市場の代理人を務める分野で占められ、川上から川下まで保険会社の手中にあるビジネスとなっていた。当時、保険仲立人制度導入について何ら国内市場からの強い要望があったわけではない。理由は、当時は保険料の自由化、保険商品の自由化がなく、カルテルビジネスのため業界円満であったからである。しかしながら、ビッグバン政策により、保険自由化が求められ、市場開放されることになったのだから当時はパニックに近いものがあった。永年、代理店は顧客の紹介者であれば手数料を得ることができ、難しい保険契約は保険会社が直接担当してきた。代理店の営業代行は保険会社社員として当然の仕事とされていたところに、リスクからの視点でビジネスをやろうという保険仲立人が登場しようとするのだから何とか押え込みたいと願ったのは当然の成行きであったのかもしれない。冗談で「保険会社を潰さないで欲しい」と言われたことも思い出せばおもしろき時代であった。

　このような背景が起因となったのかどうか不詳ではあるが、当時、制度の立案のために大蔵省が設けた保険仲立人制度懇談会が終了して間もなく、突然に保証金供託制度の話が当局より提示された。保険契約者に対して賠

償責任を負担することになったときの財産的裏付けに保険仲立人が供託しなければならない保証金額の案は、最初は1,000万円位から始まり、8億円の主張が生保業界から出るなど、多様な意見が飛びかったが、最終調整は4,000万円から8億円までということに納まりかけた。それでも高いと自分たちが反対し続けたところ「ボンド（保証証券）で対応するからどうだ。現金は積まなくてよい」という提案が出され、そこで結着した。振り返れば、これが後に大きな参入障壁となったのである。

　参入障壁となった理由は、金額の多寡ではない。保証金供託制度は故意責任を担保するものであったからである。お金のある大企業をバックにする保険仲立人は易々と現金、国債で保証金を積んだ。しかしながら大半は、損保会社の保証証券に頼った。この保険仲立人保証証券は一担、保険会社が引受けると保険仲立人が仕事を続ける限りにおいて保険会社として解除できない満期のない保証である。おまけに故意責任を担保する。故意を担保する損害保険がまったくないとは言わないが、このような保険は通常では保険会社は引受けない。これを当局の指導によって、当時のスタート時点では引受ける保険会社が存在したわけだが、数年後には新規引受をする会社が1社もいなくなってしまった。したがって保険仲立人をやろうという人は現金を積むしか選択肢がなくなり、独立系の保険仲立人ビジネスは参入することに躊躇する状況になったと言って過言ではないこととなった。制度発足当時はこういう動きになるとは想像もしていない参入障壁となった。

3．制度改革後の展開
―保険仲立人の規制緩和―

1996年の業法改正より20年近くなる。振り返れば、法律とは社会の変

化によって改正されるものなのだという感想をもつ。当時はリスクという言葉さえ社会的な認知度が低いものであったが、ＰＬ責任一つとっても雪印の牛乳問題がクローズアップされることによって国民のメーカーに対するリスクの意識が高まりをみせたし、また、金利の変動によって保険会社の身売りが多数発生したり、保険金不払事件によって、大手の保険会社が営業停止になったりした。このように国民がリスクという言葉を認識する事件の数々を経験したことにより、皮肉にも保険ビジネスへの認知度の向上があった。

結果として、リスクを保険事故としてとらえるような一般的な認識が浸透し、不払への不信感から苦情、クレームの訴えが当然のごとく当局に多数申し立てられる社会へと変貌して行ったと推察する。一方で、個人情報保護法の国民への浸透の速さに驚くように、コンプライアンスの考え方が王道となって、会社経営の不祥事さえ国民の前で頭を下げなければ納まらない環境ともなった。不正というものに対する国民のアレルギー反応はこれからますます敏感なものになっていくのではないかと予想される。

このような社会の変化が、保険業界の監督行政を変えさせた。いわゆる「言った言わない」の領域での責任者の明確化、「紹介」という無登録募集の横行の制限、「フランチャイズ」という手法による手数料体系のマスメリットのあり方の制約、「顧客の立場」での保険商品の勝手な選択提供の宣伝等への規制などが、グレーな募集行為に対する具体的な制度改正の検討課題となり改正の要点となった。今回の制度改正が何だったのかについて、ＷＧ参考人として所見を述べてみたい。

保険仲立人に対する法的規制には制度規制と行為規制がある。まず制度規制の緩和については、保証金の額が4,000万円から2,000万円まで引下げられた。その結果、保険仲立人ビジネスへの参入障壁が低くなったが、故意責任まで保険仲立人が責任をもつという保証のあり方が改善されたわけではない。言うまでもなく、保険会社も代理店も故意責任まで保証しているとは言い難

い状況であるにもかかわらず、である。ただ、近い将来において1,000万円まで引下げることを約束されている。

次に長期契約の認可申請が不要になったことである。保険期間が5年以上の保険契約を長期契約といい、個人契約の長期契約については、制度発足時から「当面の間」仲立人登録とは別途、再度の認可申請手続が必要とされてきた。この改正により、ローン契約、生保契約を取り扱う保険仲立人が増加するものと思われる。

制度規制緩和の3つ目は結約書の省略化の導入である。当初は簡素化を目指したものの、一挙に省略を可能とするところまで進んだ。これは事務の簡素化、省力化という点で評価できるようになった。

次に行為規制と考えられるものの緩和であるが、今般の保険業法299条の改正で保険仲立人が顧客からの受託者となる者であることがはっきり定義付けられたことにより立場が明確になり、委託の証さえあれば顧客を代理して保険会社と交渉できることが可能となったことである。これは指名状に頼らなくてもよいということで、ビジネスモデルに変化をもたらす負担軽減となった。立場の明確化は仲立人の今後のビジネスにとってプラス方向に働くと考えている。

4．保険募集を行為規制という観点からみる

私は行為規制を3次元（立体）的にみている。理由は、文書化された制度を実務の世界で具現化しようとするとき、読む人によってそれが行為として何をどこまでするのか、何でもって完結しまっとうしたと言えるのかという理解が、人それぞれの環境によって異なるため、違った解釈となるからである。立体物が見る角度によってさまざまなかたちに見えるように、である。規制事項は当局によって監督される対象で、その履行の程度によって判断さ

れる。ただ単に規制の一項目として「できている、いない」の尺度だけで判断されざるを得ない。そこで、規制を受ける立場から行為規制を立体視点で考えることは、実務上では大きな工夫となる。この工夫した行為が顧客の信頼を結果として高めることになり、ビジネスとして差別化が図れる手段の一つになれば「世の中めでたし」となるはずであるが、実際には、いかに規制を擦り抜けるかの工夫に力点が置かれ、うまくやったとほめられる環境であることが、真の意味での行為規制の課題である。

ところで、保険仲立人には、保険仲立人制度発足以来、行為規制がある。主なものとして

　㋑書面による開示明示事項
　㋺委託の証（指名状）の取付
　㋩誠実義務の履行
　㋥行為記録の作成・保全

がある。すべて気が遠くなるほどの人力を要する作業である。すなわちコストが掛る。保険代理店のビジネスがただ保険商品を売るだけであれば、コストを掛けてまで保険仲立人ビジネスをやろうという人はいないことがおわかりいただけると思う。契約者からみれば、取引の結果が同じ保険契約というものであるならば、何も保険仲立人と保険代理店の違いなどわかろうとするはずもない。

この違いについて当事者本人でもよくわからないまま保険仲立人になった者が当初は数多く存在した。誰も保険仲立人が契約者のために何をするのか手本もなくレクチャーもしてくれる人もいなかった。保険業界は、保険仲立人を見限り保険代理店の自立に向け舵を切ったというのが当時の経緯ではなかったかと推察している。

（1）保険仲立人はどのようにして行為規制をクリアする工夫をしたのか

行為規制は立体的であると表現したが、行うのは仲立人会社の社員である。さて、社員教育として前段で述べた保険業法に書かれた主な㋑～㋩の四つをどの順番で、どこの段階で、どの程度行うべきなのかの基準はどこにも示されていない。

　基準のない行為規制が作られ履行せよと言われたのであって、行為を概念的に定義された。そこで欧米ブローカーの業態を参考にして、知恵のある人達はビジネスモデルを作るところから取り掛った。試験的にモデルを作るのであるが、当初の保険仲立人には売る物がない。例えば、保険代理店には保険商品という売り物があり、新商品を保険会社が開発して販売ツールを用意してくれる。一方、保険仲立人には、誰もツールを用意してくれないし、売り物が決まらない。当時は保険のプロという担当者を集めて何度会議をしてもビジネスは見えなかったのではないかと想像する。保険仲立人は、リスクを扱うらしいという情報はもっていても、リスクは売れません。そこで、リスクをどう取扱って商品化するかが知恵の出しどころと保険仲立人の各社が競争していたように思う。

　私はたまたま工学部機械工学科出身者であったため、JIS（日本工業規格）の規格の中にリスクマネジメントの考え方が昔から存在しているのを知っていた。これをご覧いただければわかるとおり、中味は製造業向けのリスクマネジメントとリスクの計量化基準書である。リスクは工学（エンジニアリング）の仕事と改めて感動したことを覚えている。リスクを取り扱うこととは、結局のところPML（予想最大損失）を推計し、その額でもって保険金額を設定し、安全対策を考慮した上で発生確率を数値化することではないか。それができれば、この作業の結果に基づき保険料の割引の拡大につなげることができ、それが契約者メリットになる。このプロセスこそが、保険仲立人のビジネスモデルになると確信した。このような保険媒介行為のストーリー作りが、ビジネスモデルとなることであるから、このス

トーリーに行為規制を当てはめれば難なくクリアできるとも考えたのである。こうして、リスクを取り扱うプロセスに四つの行為規制を通過するように組み上げたものをモデル化した。

(2) これまでのブローキングモデル

現行の保険仲立人の保険媒介業務を解説してみよう。

図1　従来のブローキングモデル

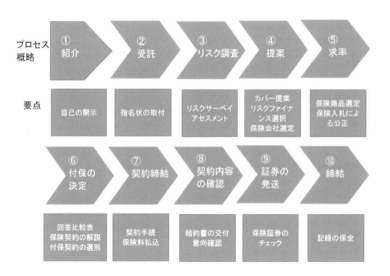

保険媒介プロセスの概要（新規取組みの場合）は、おおよそ①～⑩の工程によって説明される。ご覧のとおり、四つの行為規制のすべてをクリアしていることに注目していただきたい。

このプロセスにおいて、実務上では難題が二つあった。一つは①の紹介から②の受託に至るまでのプロセスにおいて、顧客に保険代理店から保険仲立人の活用に切り換えてもらうには、特別な切り札がないということで

ある。このため保険仲立人によっては、保険代理店と同じように保険料の見積りを出させて欲しいという提案をしたため、顧客や保険会社からは、保険代理店と何ら変わらないではないかと言われることになった。自己の開示と指名状の取付を保険募集行為としてとらえた場合、プロセス位置が前過ぎるのではないかという問題であり、これがビジネスがうまくいかないハードルとなっていた。この際の顧客感情としては「保険を検討するのにまだ買うかどうかも決めていない段階で買うことを前提に取扱い業者は決められない。見積りを取ってから検討したい」ということであり、このような顧客意向に添えないプロセスであったのである。

二つ目に⑧工程のところで、結約書の作成交付がある。この作業については事務効率の点で改善すべきとして前述したところであるが、結約書の中に意向確認（個人契約向けであるが）の内容を盛り込んでいるところからこれを軽視できるものではなく、むしろ重要視する位置付けで対応している。問題はその中味ではなく、結約書取付作業手続と保険契約手続の二つを同時に走らせる必要が発生していることが難題なのである。単に保険仲立人が作成交付すれば事足りることであるならば問題はない。しかし契約者、保険会社の署名・捺印となると皆が面倒と主張する。意向確認は⑥で達成されているではないかと。そして保険媒介としての結約書は簡素化または省略してもよいのではないかという提起があったのである。

これらの難題を考えてみると、ブローキングモデル上の一連のプロセス中、いわゆる保険募集行為はどこから始まるのか、という根本的な疑問が出てくる。保険代理店が保険商品を販売することの販売行為の全体が保険募集であるとする業法の定めは妥当であるし、顧客の紹介を受けることも今度の業法改正によって募集関連行為として規制が入ったことは承知しているのだが、保険仲立人の場合は保険募集人ではないため、保険募集に対する法律規制がプロセスのどの部分から始まるのかというところが、具体

的にはまだはっきりしていない。当局の見解は「保険契約の締結の結果から遡って判断する」というのが只今の判断基準とのことである。保険仲立人としての主張は、保険仲立人はリスクと保険を取扱う業者であるからして、リスクを取扱う行為は保険募集行為とは関係のない行為であるということである。上記プロセス④のところの「リスクファイナンス選択」のところで、「保険を買う」と顧客の意向が決定して動き始めれば、そこからが保険募集になるのではないかということである。理由としては、保険仲立人は顧客に対し「このリスクは自家保有するのがよい」という保険契約をしないことをすすめることも大いにありうることが挙げられる。また保険以外にもデリバティブとか共済などリスクヘッジする手段が他にもあるということを提案するケースもある。リスクマネジメントサービスは保険仲立人ならではのビジネスとなっていて、保険代理店とは明確に業態差別化を図っている。

(3) 業法改正後のブローキングモデル

　保険仲立人の規制緩和、その中でも結約書の省略が条件付きで認められた。また保険仲立人の立場が法律上で明確になったところから、委託の証が保存書面として保全が義務付けられたが、指名状にこだわらなくてもよいことにもなったため、委託を受ける手続が気楽になったことにより、ビジネスに活気が生れるかもしれない。今後のブローキングプロセスを予測してみたい。

図2　業法改正後のブローキングモデル

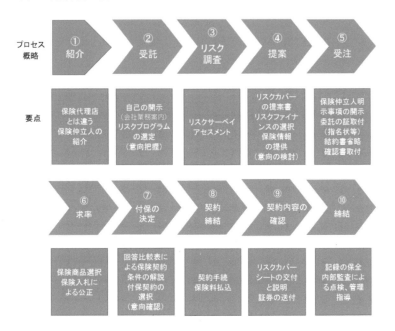

　上記が当社のプロセス概略である。他社においても検討がなされていると思われるが、保険仲立人会社が保有する技術レベルによって、プロセス項目が達成できない会社もあると思われるところから、今後の仲立人会社間の競争は技術レベルの違いによってもたらされる契約者メリットの差異がテーマになっていくと考えている。この考えを前提に少しプロセスの解説をすると、大きく変化した点は委託の証の取付が⑤に移行していることである。プロセス②では、会社業務案内と簡単な仲立人であることの説明に留め、⑤での正式受注となる際に委託の手続を取ることに変えた。また、その際に結約書の省略についての同意を取り付けることなどで、受注行為を鮮明に顧客に印象付けることにしている。こうすることによって、以降のプロセスに明記はないが、事務効率が大幅に改善する。プロセス全体を

総括すれば、このたび新設された規制として意向把握・確認義務の導入、情報提供義務の導入、体制整備義務の導入の結果を契約者に感じてもらえるものと自負しているところである。

5．乗合代理店は業法改正に対してどうすべきなのか

　このたびの制度改正には、保険募集人、保険代理店、保険仲立人が保険募集という観点で、安心、安全を担保するルールのもとでは同一レベルでなければならないというコンセプトがある。WGにおいて、そのように主張して審議委員の皆様の同意を得た結果であると認識している。また、乗合代理店と保険仲立人が1996年の保険審議会答申においては「同様な機能を有する者」とされたところから、それはまったく異なるものであるということも主張した。ポイントは顧客に勧める保険商品の選択判断を乗合代理店が保険会社代理の立場で行っても良いのかというところである。そもそも顧客が保険商品の中味を掌握、理解して、保険契約を保険会社に申し込むという保険契約のあり方が困難であるところから契約者の苦情が絶えない事実があって、比較販売において顧客の意向と異なった保険商品を売ったときの販売者責任の取り方が現行では曖昧であったからこそ、制度改正にまで及んだのではないか。顧客側にも、選択責任があるという考え方に立脚すれば、責任範囲を明確化させることは必要で、賠償責任が十分には担保されない乗合代理店は、勧める商品を選択判断することはしてはならない行為となる。保険代理店業務とは、保険会社より委託を受けて保険商品を販売する事業者であり、保険契約締結に関わる権限代理を委託された者である。そうであるならば、乗合保険会社数が20社あれば、20社の商品を顧客の前に揃えてそれぞれの商品について顧客より求められれば商品の中味を説明するに留め、保険商品の選択は顧客が決める。言わば、薬局の店頭での薬の販売を想像してもらえばよ

いのである。このスタイルをまっとうすれば、ビジネスモデルとしてパーフェクトであるにもかかわらず、医者の領域である診断（商品選択）にまで踏み込んだところに既存の保険仲立人制度との抵触となった。保険募集とは何かという議論がこれまでなされてこなかったことに原因があるのかもしれないが、このたびの改正では、乗合代理店と保険仲立人の業務の棲み分けを明確にはできなかったけれども、メスが入ったことは明らかで、今後においてこれが切り分けられるときも来ようと推測している。

　乗合代理店が現状のままのビジネスコンセプトを維持しようとすることは、成行きとしては当然のことではあるが、情報提供義務のところで、「保険金額」が入っていることにお気付きだろうか。保険金額の設定ほど難しいものはなく、従来は、顧客もその額の決定は代理店にゆだねてきた経緯がある。損害保険契約は実損てん補契約であるので、保険金額が多過ぎても少な過ぎても契約者には不利になるわけだから、万一、保険金額の設定責任を問われる事件が発生したときの想定されるリスクは恐ろしいビジネスリスクとなる。

　米国ニューヨークにおいては、代理店は契約者から保険商品に加工（ワーディング）を行っていないこと、保険金額の設定には代理店は責任を負わないこと、という書面の取付を行っていると聞く。物販でもサービス業でも、どこまでが自社の責任範囲であるかの意志表示は、これからは最も重要なリスクヘッジとなるかもしれないと提言しておきたい。

　結言として、行為規制の文面を理解して実行に移すには、ビジネスプロセス（モデル）をまず作り、作業工程の中で行為規制に適合させてゆくやり方をお勧めする。

6．保険仲立人として、このたびの業法改正に期待していること

　保険仲立人が、リスクサーベイを主眼にしたリスクと保険を取り扱う事業者であることは前述したとおりである。そこに明確な保険代理店と異なる営業プロセスにおける差別化が図られている。その上で、両者の立場が法律上明確にされたことは、営業活動において展開が容易になり、顧客にも利便性が向上したことで、保険仲立人の仕事への理解もすすみ、簡単に受け入れ試用してみようという風潮もみられるようになったことから、今後はますますこのような動きが加速されると思う。保険会社による保険商品のパッケージ化の開発もほぼ行き尽くところまで行っており、顧客はそれだけでは満足しなくなってきていると判断している。顧客の独自に保有するリスクをカバーする言わばオーダーメード的な商品提供が要望され、正に商品設計という作業がサーベイデータを保有する仲立人に移り始め、システムとして信頼性のある保険調達を可能とするところまで来ていることによって、保険仲立人制度が飛躍的に保険利用者に伝播していくことがみえるところまで来ている。
　一方で、体制整備義務が課せられた関係で、ガバナンスコストの増加が予想され、保険仲立人でも社内規則の整備と社会的な透明性を確保していかなければならない環境となってきたことを考えると、これから長くても5年以内に保険仲立人会社のステイタスブランドを創り上げることがビジネスとしての勝負となり、しばらくは激動するビジネスのやり取りが起こると予想される。
　保険仲立人の仕事は、リスク視点での顧客対応であり、考え方はBCPである。これを全面に出すことによって保険利用者から支持を受けることであるが、まだまだ日本の保険仲立人会社は20年のキャリアしか積んでおらず、グローバルでの競争では国際ブローカーと太刀打ちできるものではない。そこ

には50年くらいの経験が必要ではないかと思うが、海外へ進出する日本の企業を守れるのは、日本のブローカーしかないと強く信じている。

　また、このたびの改正によって当局から期待されている家計分野への保険仲立人の進出がある。このことも独立系の保険仲立人によって成される事業であると考えられるので、事情が許せばやりたい人のために尽力する所存である。

　　　（本稿は2013年6月28日のシンポジウムの基調講演に加筆したものです。）

来店型保険ショップの現状と展望

ほけんの窓口グループ株式会社
代表取締役会長兼社長　窪田　泰彦

1．はじめに

　私は、40年間、損害保険会社と生命保険会社におりました。正直申し上げると、保険会社にいるときから、「保険会社主導の販売政策というのは、一定限界だな」ということを、ずっと感じていました。私自身もメーカーにいたわけでありますが、いわゆるメーカー、流通、マーケットということから言えば保険会社はメーカーですから、「一度、お客さまマーケットに一番近いところで仕事をしてみたいな」との思いがずっとありました。この思いの延長線上に、「やはり、お客さまをマーケットの主役、主人公とした業界に変えていかなければいけない」と、特にここ10年ぐらいですけれども、強烈な思いを感じておりました。

　いろいろな経緯があって、今、偶然ながら流通におりまして、それを実行できる立場にいるということで、いろいろ制度改革が議論され実行、もしくは着手されようとしている、まさに改革の嵐の中で、ではほけんの窓口グループが、これ等課題をどのように捉えていて、どのように会社を変えていこうとしているのか、そのようなことを本当に正直に、隠すことなく全てお話をさせていただきたいと思っています。

2．ほけんの窓口グループ株式会社について

2.1 ほけんの窓口グループ株式会社の概要

　ほけんの窓口グループ株式会社、設立しまだ 20 年足らずの会社でございます。グループの人員は全部で 4,176 名おりますけれども、わが社の会計年度が 7 月～6 月ですから、これは 6 月末の数字です。後で詳しくお話しますけれども、その後委託型募集人（子会社ライフプラザパートナーズの社員）、これは約 442 名減りました。私ども、この（2014 年）7 月に、（子会社ライフプラザパートナーズは）委託型募集人から全部正社員という雇用態勢で再スタートを切るために実は、3、4、5、6 月の 4 ヶ月間、一人ひとりとヒアリングをしました。「契約を解除するのか、それとも社員として残って頑張るのか」という選択を、一人ひとりの決断を踏まえた上で再スタートを切っておりまして、この 4,176 名は、現在（2014 年）9 月で 3,734 名ということで 442 名減っております。

　ほけんの窓口の本体は来店型ショップということで、元々、全員正社員です。特によく問題視されるライフプランナーは、全員正社員採用です。

　業績の方は、この（2014 年）6 月末で営業収益が 380 億です。これは、対前年 21.3％の伸び、経常利益が 80％の伸びとなっています。損保の売り上げは収入保険料で 221 億ということで、これは対前年 29.1％の伸びです。

　店舗数は現在（2014 年）541 店舗です。これは、銀行との共同店舗とＦＣ（現、保険募集パートナー事業）がありますから、それぞれ、直営が 300、ＦＣ（現、パートナー企業店）が 198、銀行との共同店舗が 43 店舗となっています。

　次に新規契約高です。これは、生保の一つの目安の数字です。昨年 65 兆円が業界の数字ですけれども、私どもは 2 兆 576 億円、これに銀行での数字が 2,000 億あります（これは、全て銀行の成績）。これを足しますと、全部で約

2兆3,000億が昨年度の新規契約高の数字となります。主たるマーケットは全て個人だ、ということです。

2.2 株式会社ライフプラザパートナーズの概要

　子会社のライフプラザパートナーズですが、これは先ほど言いましたように、1,487名のファイナンシャルアドバイザーがおりましたけれども、(2014年) 9月1日では1,045名と442名減っています。繰り返しになりますが、委託型募集人の皆さん全員と各取締役と全国分担し直接現地に赴き一人ひとりとヒアリングをし、「正社員として残るのか、残らないのか」という意向等を確認した上で、これだけ減ったということです。

　拠点数は全国に36在ります。昨年 (2013年) 12月末制度改正があり、委託型募集人が業法違反と断じられたわけで、このこと自体個人的には、歴史の必然だと、全く違和感も抵抗感も感じておりません。

3．主要経営指標の推移

3.1　基礎指標推移

　それでは次に、業績についてもう少しだけ簡単に説明させていただきます。先ほど申し上げましたから、2番目の新規契約高をご覧いただきますと、大体、毎年40から45％伸びています。昨年度が1兆9,773億円から2兆576億円で、「あまり増えていないではないか」ということですが、その実、やはり、皆さんご承知のように、売れ筋商品が随分変わってきたということですね。第3分野の商品を中心に医療保険と、いわゆる3大疾病やがん、といった商品が中心になってきましたら、そのようなことが影響しています。

　また、損保も毎年30％ぐらい伸びていまして、先ほど言いましたように221億円です。これは、数字だけを見ますと1年間で50億円以上増やしているの

ですけれども、細かいことを言いますと、火災の空満期契約が40億円ぐらいありますから、1年間でおおよそ90億円から100億円ぐらい新規契約を取っているという現状です。これも、「世の中は変わったのだな」と思いますけれども、私たちが損保にいたときには、「店に来るお客さんの契約は断れ」という時代だったのですけれども、来店されて、契約をされるお客さまが年を追って圧倒的に増えております。そして、自動車保険の損害率も50％以下です。これは、やはり、本日この会場に保険会社の皆さんもたくさんいらっしゃると思いますけれども、「随分変わったな」と、改めて「消費者としての国民の意識、行動が本当に変わった」と実感しています。

3.2 損益指標推移

主要経営指標ですけれども、営業収益は380億円と対前年21％伸びています。単体も202億から243億ということで、20.5％伸びています。これ自体は、それほど意味あることではないのですけれども、私自身の問題意識は、やはり、この下の経常利益率で、これが、連結、単体共ずっと落ちてきています。急激に2012、2013年で落ちているということは、この2年間で店舗の出店が132店、社員の採用が1,200名と、急激に先行投資を急いだということの結果でありまして、これは将来の成長を担保する先行投資だという具合に思っています。今年度、2014年度の利益率目標は10％、来期には15％の利益率が確保できるだろうという具合に思っていまして、ここ2年間の数字は、あくまでも先行投資の負担の問題であると思っています。営業利益率は10％、15％、間違いなく達成できるだろうと思っています。

4．成長の背景となった歴史的変化

ほけんの窓口グループ株式会社の成長の背景となった、いわゆる歴史的変

化ということが、私がいろいろな戦略を考える前提なのですけれども、この前提が、やはり、非常に変わってしまいました。これは、私が損保の時代、生保の時代から感じていたわけですけれども、大きく四つあります。

　1番目は、日本の生命保険は伝統的に死亡給付型の商品で成長しました。これは、戦後すぐの平均年齢が56歳ぐらいのときというわけです。それから、(日本社会は)高度成長を遂げて豊かになり、高齢化社会を迎えております。そうすると、非常に下品な言い方、品のない言い方ですけれども、「死んでから（保険金を）もらって何になる？　生きているうちに、より良い生活をしたい」と、当然そのように考えます。その間、時代は自由化、国際化もあり、海外から、いろいろな金融商品、いろいろなものが入ってくるようになりました。そのような中で、死亡給付型の商品から生前給付型の商品というものが保険商品の主流を占めるようになってきました。このことが、ニーズの多様化によって乗合代理店が急伸展をしている一つの背景であります。

　2番目、消費者としての意識、行動が、がらりと変わってしまいました。昔、日本人は、「比較して物を買うのは、ちょっといやらしいわね」というようなところがありまして、大体勧められるままに、少しいい格好をして物を買うところがありました。ところが、もう、インターネット等を含めて、あふれるほど情報があります。あるいは、2005年に制定されました個人情報保護法の問題で、いわゆる、職場に一切（部外者が）入れないと。かく言う私も、保険会社に入ったときに、人事部より先に某保険会社のおばちゃんがお見えになって、「窪田さん、ここに判つきなさい」と言われて判をついたまま退職まで（保険に）入り続けたと、これが正直な実態なわけです。このようなことは、もう現在あり得ません。あるいは、住居形態でマンションなどでありますと、家にいれない、入れない、ということです。そのようなことから、保険マーケットは売手市場から買手市場に変わってきているということが、大きな変化です。

3番目、社会現象、社会構造の変化というものが、いわゆる保険商品というものを「勧められて買う」から「自ら身の丈に合ったものを買い求める」という商品に変わってきました。高齢化の問題や結婚しない男女（晩婚化）ということで、大体、私どもに毎月来店されるお客さまは30％ぐらい増えていますけれども、全体に占める中のおおよそ30％が、やはり20代、30代、40前半の結婚されていない独身男女で圧倒的に増えています。特に3．11以降増えています。それと、団塊の世代が年金世代に移られる、そこでやはりご加入保険の全てに見直しが入っています。そのようなことや、やはり国の制度に対する将来不安や自己防衛的意識ということから、自分の身の丈にあった商品を自分自身で買い求めるということに、保険商品の個人の捉え方が全く変わってきたのではないかと。私も現場が好きなもので、よく現場に出て、お客さまの相談会が終わった後、「ちょっと、お話を聞かせてください」とお客さまと話をする、それが楽しみなのですけれども、大体、皆さん、同じようなことをおっしゃいます。このように劇的に変わってきています。こうした歴史的変化が、私は、来店型ショップという一つのビジネスモデルの背中を押していると。決して、私たちがどうのこうのということではなくて、やはり歴史の必然だと。「必然」と言うと多少、大袈裟ですけれども。

　最近特に感じますことが、4番目です。これは、最近の変化です。生損保のワンストップショップ化の傾向が非常に急拡大しています。正直に申し上げます。私どもに見えるお客さまの多くは、生保（の相談）で見えるのですけれども、損保で見える方も増えました。90％の方が、帰り際に「実は、12月8日に自動車保険が満期ですけれども、ここで入れますか？」と、こうした確認をされるのが、正直申し上げて現実です。これぐらい変わってきてしまっています。

　従って、私も両方（生損保会社）経営しましたけれども、クロスセリングということで、「あれだけ、それぞれお客さまがいらっしゃるのだから、そ

のお客さまに生保を売ったらいいのだろう」と、「それだけの生保のお客さんがあったら損保を売ったらいいのではないか」と、過去においてやってきましたけれども、それはユーザーニーズとはマッチしていないということですね。保険と自動車の新車以外は、あらゆるものが総合、巨大（流通）販売になってきています。ヤマダ電機さん含めて、いろいろなものが、そのようになってきています。保険においても、一概には言いませんけれども、私は、生損保の総合販売乗合代理店と、いわゆる保険のヤマダ電機のようなものがあり得るのではないか、という具合に思っています。

　このように、戦後の歴史的な大きな変化の三つと、最近の消費者としての皆さんの意識の変化というものが一つあります。私もクロスセリングということを一生懸命やってきましたが、一定程度、クロスセリングの上限は大体8％前後ではないかと思います。それ以上の会社も、おられるかも分かりませんけれども。やはり一定限界があるのではないか、という感じがしております。

5．変化に対応したビジネスモデルの進化が成長の鍵

5.1　ビジネスモデルの根幹とは

　前述のような歴史的な変化に対応したビジネスモデルというものがどのようなものかということと、それが成長の鍵だということを、少しお話ししたいと思います。

　私がいつも社員に言っていることは、「ビジネスモデルの根幹というのは、われわれは人が人に対して生産活動を行う、人の装置産業だ」ということと、「当然、保険ですから、モノがなく知識集約型産業だ」ということ、「一番大事なことは、情報産業だ」ということです。お客さまから家族情報、あるいは、病気の問題、財産の問題、預金の問題など、本当に真摯にお話しいた

だいて、こうしたことを何回かやり取りする中で、今懸案になっていますお客さまの意向を確認しながら、例えば医療保険であれば、医療保険というカテゴリーの中で商品性や保険金支払いの問題、日数の問題、医療の問題、入通院の問題、あるいは、ご主人の収入に基づく負担能力の問題、そのようなことを全て漏らすことなくお伺いし、お客さまとの共同作業で最後に商品を絞り込んでいく、というようなことであります。そのような極めて手間暇かけた、人的装置産業・知識集約型産業・情報産業であります。この認識が、私は、会社の構えとしても、社員の意識としても、非常に大事であると思っています。これは、本当にうるさく言っています。

5.2　ビジネスモデルとは

　われわれのビジネスモデルは、お客さまに来ていただいて初めて成り立つわけですから、「お客さまに命を与えていただいて、そのビジネスモデルに魂を吹き込むのはプランナーだ」と。これが、われわれのビジネスモデル、会社を成立させている基盤なのです。従って、ここ（レジュメ）には書いていませんけれども、私どもは、教育・研修に、とにかく「ヒト、モノ、カネ、時間」という経営資源の最大限を投入しています。

　全国に、例えば、渋谷ヒカリエの18階にも研修施設を設けていますし、あるいは、熱海、豊中などは、それぞれ4,000坪と280坪の土地で、自前の研修センター（他全国に分室4か所）を持って、最低でも常時300名から400名近い人間が研修できます。徹底的に研修します。研修に合格しないと分室から出しません。徹底的に研修をやります。だから、この研修の中身まで全てをお話ししないと本当は意味がないと思うので、その辺はまた最高の企業秘密になりますけれども、もしも機会がありましたら、会社にお越しいただいたら、話せるところまでは、「どのような研修をしているのだ」ということを、お伝えしたいと思います。

5.3　ビジネスモデルの成果とは

　ビジネスモデルの成果とは、お客さまに来ていただく集客と成約率ですが、正直申しまして、今、成約率が若干落ちています。成約率は、大体50～55％です。それでも、直接、予約なしにお越しになるお客さまの成約率が42、43％あるのです。私は、いつも社員に、「ぜいたくは言うな。予約もなしにお見えになったお客さまと話をして、40％以上の人が成約されて、お金を払ってお帰りになるんだよ。お客さまに心から感謝しろ」と言うのです。だから、本当に、店によっては、お客さんの姿が見えなくなるまで頭を下げているプランナーもおりますけれども、本当に、私が保険会社にいたときと比べると、もう、隔世の感があるという感じがしています。

5.4　ビジネスモデルの品質とは

　私どもが誇る最高の品質は、継続率、いわゆる、「入っていただいた契約が、13ヶ月目に幾ら残っているのだ。25ヶ月で幾ら残っているのだ、37ヶ月で幾ら残っているのだ」というものが、この数字です。これは、保険会社の方はご存じだから驚きになると思いますけれども、13ヶ月で97、25ヶ月で96、37ヶ月で94％、継続率があります。これは、やはり、自慢するわけではないけれども、私は、これが我社の最高の業務品質だと思っていまして、やはり入り口のところで、本当にお客さまの意向を確認しながら、ご納得された上でご契約いただいていることの結果だと思っています。

　このため、私が、いつも社員にうるさく言うことは、「話を進める途中で、お客さまが理解されていないな、あるいは納得されていないなと少しでも思ったら、話を前に進めるな」と、「そこで話を切りなさい。契約はするな」と、それを徹底させています。それぐらい厳しくやっているものですから、これが私どもの誇る一つの業務品質でしょう。それから、乗合代理店としての成長を続ける完璧な募集態勢、これは後ほど申し上げます。これは生命線

だと思っています。先ほど冒頭で申しましたけれども、お客さまをマーケットの主役、主人公とした意向確認、比較推奨販売の更なる進化というものが、私どものこの来店型ショップが成長するかどうかの鍵である、というように思っています。

　入口、中間、出口、これは保険会社の業務としては当たり前ですけれども、われわれ代理業というものは契約を取ることに一生懸命です。結果として、膨大な既顧客が生まれてきます。私どもだけで、今、契約件数90万件を超えています。ということは、保険業法303条の態勢整備などと言われるまでもなく、当たり前に、中間業務、出口業務というものを、きっちり全国の500店舗でやっていくということは当然であります。それが、また、われわれが今度はストックビジネスとしての収支収益構造を変えていく、決算構造を変えていく、ということにも全部つながっていくわけです。これは極めて大事な業務であるということで、今年最大のテーマとして、「お客さまの生涯顧客化」という取り組みと合わせて、営業店における入口、中間、出口というものを、きっちりと業務の中身を決めて取り組んでいる、という現状であります。

6．ほけんの窓口グループ株式会社におけるビジネスモデル

6.1　目指すべきは「お客さまにとって最優の会社」

　私は元々、保険会社のときから「最大、最強、1位」などというものは大嫌いなものですから、「目指すべきは、お客さまにとっての"最優"の会社」ということです。「お客さまにとっての"最優"の会社」というものの3本柱は、「お客さまと向き合う7ヶ条」、「完璧な募集態勢の構築」、「お客さまの声が経営の原点」ということです。この三つには、かなりこだわりを持っていまして、私は、保険会社の社長時代から、ずっと取締役会や経営会議

より大事な会議として、「お客さまにとっての"最優"の会社づくり会議」というものをやっていました。この三つに絞ったテーマの会議を月1回必ずきちんとやって、会社の生体解剖を定点観測して、「今、会社のどこに問題があるのか」というようなことを分析し、常に業務品質をしっかり向上させていくということで、この三つのテーマに絞った会議、これはコンプライアンスなどにも全部つながるわけですけれども、そのような会議をやっています。繰り返しになりますが、これが、私自身トップとして、取締役会より、あるいは経営会議よりも私にとって重要な会議だということで、徹底的に、これは会社の業務品質の維持向上ということで、やっております。

6.2 お客さまと向き合う7ヶ条

　私が生命保険会社の時代からずっと、自分自身の信念なのですけれども、とにかく「お客さまと向き合う7ヶ条」の日常化ということが、元々、われわれの一番の原点だということです。これは読むだけにとどめますけれども、「『お客さまの意向』を承ることが、私たちの仕事の始まり」ですから、「意向」とは、元々、取って付けたように言いますけれども、私は、ずっと以前から「保険のビジネスは、こうだ」ということで、損保時代から何十年も、このようなことを言い続けているということです。

　「『お客さまの立場』で考えることが、私たちの仕事の基本」、「『お客さまの期待』に応えることが、私たちの仕事の責任」、「『お客さまの評価』こそが、私たちの仕事の物差し」、「『お客さまの満足』を得られることが、私たちの仕事の目標」だということ、「『お客さまの感動』をお手伝いし共感することが、私たちの仕事の喜び」、「お客さまの『ありがとう』のひと言が、私たちの仕事の終わり」だと。当たり前のことですけれども、私は、これが社員の精神構造としてきちんとすわっているかどうかということが、やはり非常に大事だということで、社員全員の背骨になるまで徹底します。

6.3　完璧な募集態勢の構築

　結論から言いますと、完璧な募集態勢の構築は乗合代理店として生きていく上での絶対条件だと思っています。私は、どれが一つ欠けても乗合代理店として存続し得ない、というように思っています。一つは、「お客さまの意向に応える商品情報提供に基づき、お客さまに100％ご満足いただける最適なライフプランを提供する」。これは、言われなくても当たり前のことで、別に、今、いろいろな制度改定などがあった（ある）からどうこうということはなくて、われわれの保険ビジネスでは、いろはの「い」、基本の基本だと。昔から、そうです。

　二つ目は、「重要事項、保険金支払事項等の完全な説明責任を果たす」。金融商品を扱う者としては極めて重要な当り前のことです。そして三つ目は、われわれは20数社の商品を取り扱います。損保を入れますと37社、扱っています。申込書から振込用紙から、生保だったら告知通知の用紙から、全部違います。どの会社のどの商品を扱っても100％正しい事務をすることです。乗合代理店がこれをできなかったら、存在し得ないわけです。それは、教育・研修の極めて重要な一部です。この申込書、告知通知、保険料振込、全てにおいて正確な事務を遂行する、簡単に書いていますけれども、これは大変なことです。これが当たり前なのです。これができなければ、やはり、乗合代理店として存続はし得ないと、私は思っていまして、これもまた繰り返しになりますが、こうしたロープレ・OJT・現場研修を徹底的に、やはり時間を割いてやります。

6.4　お客さまの声が経営の原点となる「CS経営」

　まず「お客さまの声は全件、役職員、フランチャイズ（現、パートナー企業）、保険会社で共有し、経営改革に活かす」。これも、さらりと書いていますけれども、1ヶ月に大体200件ぐらい苦情、クレームが来ます。これを、

役職員、ＦＣ（現、パートナー企業）、皆で全件を共有して、現状起こっていることの解決と再発防止策を考えるのですけれども、それ以上に私どもがやっていることは、保険会社別に整理して、毎月、保険会社と、そのためだけの会議をやっています。

例えば、ある保険会社とは６件あった、ある保険会社と８件ありましたということで、毎月保険会社にも来ていただいて、保険会社と、その問題解決のための再発防止策や起こっている問題の解決を図ります。お客さまの声は、一般的に、金融庁に届く、それから、生保協会に届く、保険会社に届く、一般消費者団体に届く、大体この四つは表に出るのです。では、代理店に届いている声は、誰が拾って、誰が解決しているのか、これが非常に問題だと思うのです。これは、私は、保険会社時代から問題意識を持っていました。

そのようなことがあって、私どもに月200件ぐらい来る苦情は全部、保険会社別に整理して、保険会社の皆さんと定期的に毎月１回会議をして、本当に、その解決と再発防止のための会議を毎月やっています。やはり、こうしたことの積み重ねが大事だと、私は思っています。

6.5　ほけんの窓口グループ株式会社のビジネスモデル
（１）実現すべきビジネスモデル

上述の三つが、経営の最優の会議の３本柱ということであります。そのことをビジネスモデルに、絵に描いたらどうかということで、お客さまにとっての最優の会社のビジネスモデルということで作成しました。本来、われわれの来店型ショップというものがスタートしたときは、全て、予約販売。予約していただいて、お客さまに来ていただいていました。これを、私は、「医療の世界に例えたら人間ドックの健診医療だ」と。きちんと来ていただいて、くまなく身体の調子を見て、「ああ、どこに、どういう問題がありますよ」ということで最適な診察をして、治療を促します。今までは、つい最近まで

は、これだけだったのです。

　それが、先ほど言いましたように、お客さまが来やすい、入りやすいところにどんどん店舗を出したという、われわれの店舗戦略もあるのですけれども、3．11（東日本大震災）ぐらいを契機にしまして、直接来店として、予約なしにお見えになるようなお客さまが、とても増えてきました。現在、予約して店舗にお見えになる方と、直接予約なしに店にお見えになる方が、50：50です。

　医療機関に例えるなら、上（予約してのご来店）の方は人間ドックですけれども、直接来店だったら、「町のホームドクター機能だ」と。当り前ですが患者さんみえたら顔色を見て、2、3問診をして、熱を測って、「いや、あなた、ちょっとお疲れで、へん桃腺が腫れていますね」ということで、きちんと正しい診断をして、最適な治療を施すということが、われわれの仕事です。

　ここにきて、従来の予約してお見えになるお客さまに加えて、直接来店が増えてきて、50：50になってきました。店舗によっては7：3で直接来店が多いなど、それは店舗のロケーションにもよりますので随分違います。そのようなことで、お客さまの日常をお守りするということです。そして、取り組みを強化していることが「生損保共一生涯のお付き合い」ということで、生涯顧客化、一生涯お付き合いをいただくお客さまになっていただこうということで、これが今年の営業政策の最大の柱なのです。

　今までは、ご承知のように、「生保というものは新規契約を取ることが営業だ」ということだったわけです。けれども、それに加えて、リスク性の損保商品をこのような形で入れていく、あるいは、直接来店のお客さまも損保のお客さまが多いわけですから、このようなことも含めて一生涯お付き合いいただくということで、「ほけんの窓口安心の輪」という……、「安心の輪」と言ったら、「何か昔、私がどこかの保険会社で20年前にやっていたことだ

な」とお笑いになる方もいらっしゃると思うのですけれども、それを今は、ほけんの窓口だから完全な安心の輪ができるんです。損保のときは、損保の安心の輪です。生保は、生保の安心の輪です。今、ほけんの窓口は、「保険の安心の輪」ができるのです。これは、お客さまから本当に評価されています。

　さらに、大事なのが「お客さまの意向と、比較推奨販売の完成形としての『3＋①』」。これは、どのようなことかといいますと、私どもには、お客さまは、大体1回の相談会におよそ2時間、平均して3回ぐらいご相談に見えます。「3」は意向確認をして、きちんと比較推奨販売の一つの形として、モデルなのです。それに加えて、「＋（プラス）①」とは何かといいますと、「保険会社から保険証券が届いたら、その証券を持って、ぜひ、もう一度お越しください。ご契約いただいた中身を再度説明させていただきます」という取り組みをやっています。これが、お客さまから、非常に評価をいただいています。私も、最初、「実際にそれほどお客さまが店舗におみえになるものなのかな？」と思っていたのですけれども、お客さまは、きちんと証券を持って、お見えになるのです。しかも一人でお見えになることはほとんどない、というのが実態でしてご夫婦でまたはご両親が付いて来られたり、お友達とご一緒だったり、何とご近所の方がついて来られたりということで、その証券を持ってきていただいて、契約内容をもう一度説明し、ご意向と補償内容をご確認することで、私は、意向確認、比較推奨販売の完成度を上げていきたいと、このように思っています。これが定着したら、本当に、われわれは、お客さまとの距離がもうなくなると思っています。これを、今、一生懸命推進しています。

（2）アライアンス事業
　ほかに、われわれとしては、フランチャイズ（現、保険募集パートナー）

事業、今、現在54社ありまして、その店舗が198店あります。私どもの成績からすると、直営が6、ＦＣ（現、パートナー企業店）が4というぐらいのウエートになっています。私は、性格上きついものですから、ＦＣ（現、保険募集パートナー）事業に対しても直営と同じことを全部やっています。入口の入社式から、初期導入研修という2ヶ月間に及ぶ缶詰研修、そしてフォローアップ研修をやるわけですけれども、この2ヶ月の研修を、びっしりＦＣ（現、パートナー企業）の皆さまにも受けていただきます。もうオーナーからは悲鳴が上がっています。オーナーからお金をいただいて、しかも2ヶ月、その社員を（研修のため）拘束してしまうわけですから、オーナーからしたら「1日でも早く働かせたい」ということです。そこをしっかりと「いや、そんないいかげんなもんじゃない、保険は」ということで、2ヶ月間びっしり預かって、それで合格しなければ出しません。だから、3ヶ月かかる人もいます。それは仕方がないことなのです。

　このように、入社式から初期導入研修、それから、内部監査を年1回必ず実施します。大項目で31、大変な項目を全部チェックして、Ｓ、Ａ、Ｂ、Ｃ、Ｄと評価し、Ｄ評価をもらってしまったら新規の出店は一切認めません。これは、会社の方針として認めません。「お客さまの声」も同じように扱っていて、本体と同じように、起こっている原因の追究と再発防止策をやるということで、ＦＣ（現、保険募集パートナー）事業とはいいますけれども、本体と全く同じ運営とマネジメントとハンドリングをやっています。大変厳しく指導をしています。従って、最近は、成績状況も直営とＦＣ（現、パートナー企業店）では、ほとんど差がありません。ＦＣ（現、パートナー企業）の皆さんも、本当にいい成績を上げていただいています。

　それから、銀行アライアンスですが、現在14行、一つ加わって15行の地方銀行と組んでいます。これも、先ほど言いました新規ベース、Ｓベースで、2,000億の成績を上げていただいています。これも本当に、リテール金融、今

日、また、これからお話があるでしょうけれども、従来銀行にとっての保険とは、どちらかといいますと一時的短期収益を稼ぐキャンペーン商品的な位置づけにありました。けれども、私は、銀行の頭取を含めて話をして、「リテール金融の新しいビジネスモデルをつくりましょう」ということで進めています。

これは、どのようなことかといいますと、「一人ひとりのお客さまと長期にわたって友好な関係をつくりましょう」、「その友好な長期にわたっての関係を築くプラットホームをつくることによって、銀行とわれわれで、お客さまが必要なときに必要な商品を提供しましょう」。3番目、「お客さまと長くお付き合いをすることで、お互いに収益の最大化を図りましょう」。私は、これを、銀行とわれわれとの新しいリテール金融の一つのビジネスモデルだというように思っています。これは大変評価をいただいていまして、地方銀行とのアライアンスが、今、拡大しているという現状にあります。

7．業界展望

業界展望として、私は、プラス要因とマイナス要因があると思います。これは珍しい業界でありまして、ネガティブな面と、そうでない部分があります。これはもう、私が言うより、言わずもがなで皆さんよくご存じのように、少子化は人口減少につながりネガティブ要素ですが、高齢化というものは、生存リスクの高まりと国民の意識として、自助努力、自己防衛意識の高まりや、民間依存、いわゆる年金、医療、介護、健保含めて、これは民主党政権時代に「成長分野だ」、「50兆円マーケットだ」などということを華々しく、菅さんのときでしたか、出たことがあります。それが正しいかどうか知りませんけれども、しかし、民間依存の高まりということになって、われわれのウエートは高まってくるでしょう。

それから、少し異質な面から言いますと、業界構造が流通を中心に非常に大きく変わるでしょう。これは、中身はちょっと言いにくいのですけれども、ご承知のように、今も新規契約高の60％は専属の外務員さんですね。われわれ乗合代理店は、まだ7％弱ぐらいのシェアしかありません。その内の約半分は、我社で持っております。それから、銀行が10％少々ぐらいです。この点に関して、各シンクタンクがいろいろな見通しを出されておりますけれども、恐らく今後10年間で、かなり劇的に、この流通構造が変わるのではないかというように思っています。

　これ以上私は申し上げられませんけれども、このような中で、従って、経営としては、マイナス要因とどのように向き合って、成長をどのように取り込むか、やはり、この２正面作戦をきちんと進めていくということが非常に大事だ、ということです。もう一つは、核家族化の進展によって、いわゆる「顧客管理」という言葉を使いますけれども、単なる世帯管理ではなくて、私は、これからは、縦の「世代管理」をしていかないと顧客管理にはならないと思います。

　従って、よく私のところに、銀行関係の皆さんがよくお見えになりますけれども、このことを言っていいか、ちょっと分かりませんけれども、東京の銀行口座に、あきらかに遺産相続と思われるようなまとまった金額の入金（預貯金の地方にある銀行からの流出）が当り前に起こっているのではないでしょうか。

　ということは、やはり、この前、どこかの会社で死亡保険金の不払いではなくて未請求という問題もありましたけれども、そのような意味での本当の顧客管理は、世帯管理はもう当たり前、「世代管理」というものをしっかりやっていくということです。そのことで、やはり、ライフプラン、あるいはライフプランマーケットの一つの意味も出てくるだろうと、私は思っています。やはり、このような意味合いといいますか、このような観点でのマーケ

ティングというものの一つの手法、仕組みを確立すべきだというように、私は思っています。

8．変化に対応した当社グループの直近の改革

8.1　委託型募集人廃止に伴うライフプラザパートナーズの改革

　委託型募集人は、2013年12月25日に「業法違反だ」となったわけです。私は、それ以前から、やはり、今の委託型募集制度というものに対する、若干といいますか、かなりの問題意識を持っていまして、それまでにずっと制度検討をさせていました。

　子会社ライフプラザパートナーズは、社保の関係も、いわゆる最賃や、そのような問題ではなくて、完全な制度設計に基づく雇用型社員制度で再スタートさせる、ということを考えていましたので、ずっと制度研究もやってきました。今年（2014年）2月の取締役会で、それを決議して、3月から、3、4、5……、先ほど言いましたが、うちの会計年度は7月からですから、来年の3月までにやればいいという話ではなくて、私どもの会計年度に合わせて新しい体制でスタートさせようということで、2月には制度を決めて、社長も交代させました。新しいことは、やはり新しい人間でないとできませんから、従来からいる社長に「変わったことをやれ」と言っても、できるわけがないですから、社長も強引に交代させて、3、4、5、6の4ヶ月間で1,500人のファイナンシャルアドバイザー一人ひとりと全員面接をしました。そして、先ほど言いましたように約500人弱消えていったのですけれども、プラスアルファの話をしますと、7月の成績が全然変わらないということは、変な話、笑い話になってしまうのですけれども、とにかくこの（2014年）7月から既に、雇用制度の委託型募集人は今は、ほけんの窓口グループは全部正社員です。本体も子会社も、全部正社員でやっています。これも繰り返しに

なりますが、この7月からスタートしました。しかし、本当のいろいろな厳しい戦いは、これからだろうと思っています。ＦＡの、ずっと今まで単に稼ぐ人だけではなくて、理事に登用し、経営会議に参画させるというような経営のガバナンスの仕組みも変えました。

　私は、ここで一番大事なことは次だと思っています。最大の課題は顧客対策でありまして、大事なことは、残る人でも辞めていく人でも、その先には必ずお客さまがおられる、このことを絶対に忘れてはいけません。従って、われわれとしては、絶対に1件たりとも孤児契約を発生させないということを最初から体制で準備していまして、各地域別に担当のＦＡを決めて、本社には契約サービス部というものを新たに作り 12 名体制で孤児契約を絶対に発生させない、きちんと保全する、という体制を組んでいます。

　LPP は、そのようなことで 22 社と委託していますから、例えば、どこかに行かれても、委託登録の関係で契約移管ができない、宙に浮いてしまう契約など、（そのようなものは、ちょっと数は申し上げません。私は、全数もつかんでいます。）そのような孤児契約を一切生まないという、本当に会社の決意としての体制づくりと、「本当に、それを、どのようにやるのですか？」ということが伴っていかないと、私は、ただ単に制度を変えて、「このように会社を変えました」などと言っても、何の意味もないことだと思っています。これも7月からの取り組みですから、9月、これからが本当に本番です。本当に神経を使うところで、これは毎日、本当に見て、しっかり、そのようなことがないようにしていきたいと思っています。

8.2　第2創業と位置付け、第2成長期の基礎を築く窓口グループの改革

　本体の方は、第2創業と位置づけて、「第2成長期の礎を築く」ということでやっているのですけれども、同じくこの7月に、私もどちらかといいま

すと強引なものですから、本社の機構、営業組織、それから社員の給与制度、今まで、当社は、個人の業績と会社の業績が連動しないという、いわゆる経理決算的には致命的な欠陥を持っていて、ひたすら成績を上げる個人礼賛主義で来た会社でありました。そのことを、いわゆる、人と組織で成績を挙げる、そのような会社につくり変えていく、そのためには、やはり、その原点である給与制度を変えないと無理、まさに「一丁目一番地」、真剣勝負です。

　よって、給与制度も徹底的に変えました。かなり、まだ、ごたごたしています。このために、私自身も全国を7、8、9月の3ヶ月間で9箇所、社員との対話集会を開き、ひざ詰めで直接説明して歩きました。当然、人事部長もそれで歩くわけですけれども、それでも、まだ完全に理解はできていないと思います。けれども、いわゆる、こうした給与制度や評価表彰体系、これらを、前提条件を付けずに全て見直して再設計、再構築するということを、この「窓口」本体も7月に実行しました。今、7、8、9と3ヶ月経ってだいぶ落ち着いてきました。このまま落ち着いていくのだろうという確信は持っていますけれども、本当に、5月25日の業法改正を受けて、恐らく来年の1月には省令、府令、監督指針、そのような具体的なものが出てくる中でも、窓口グループとしては、やはり、きちんと対応できる体制をつくっておきたいということで、もう今から、かなり思い切って、あらゆることを本当にガラガラポンするぐらいの覚悟で、今、会社を変えています。

　それから、「マネジメントの改革」ですが、スピードが大事で、大体このような会社は社長が何でも全部決めてしまうという会社です。ただし、それでは会社はだめなものですから、かなり権限を委譲することで、マネジメントの中身を変えています。

　また、「組織と社員のベクトルを合わせる」。これは、どの会社も一緒なので、「ベクトルを合わせる」と言葉では皆さんよく言いますけれども、皆が同じ方向を見て、同じことに向かって、同じようにエネルギーを割いてい

くということは、なかなか、言うは易く難しいことなのですけれども、このベクトルを合わせるということは改めて大変なことだし大事なことだと思っています。これも、私は、昔からずっと「窪田塾」という名称で、経営の"思い"や"考え方"、"組織の言葉"などをトップ自らが自分の言葉で社員に語る、ということを繰り返しております。そのようなことで、組織と社員のベクトルを合わせるということを、今やっております。こうした課題山積の中でも、私は、最大の課題は、やはり人材育成だと思っています。やはり、わが社にとっての最大の課題は究極、人材の育成であると思っています。これは、経営トップの最大の責任だろうと思っています。

9．おわりに

　これは私自身の一つの信念でもありますけれども、経営の責任といいますか、それはいろいろと言い方はあります。「経営者とは何ですか？」と言った場合に、やはり、「判断すること、決断すること、実行すること、責任を取ることだ」というように思います。では、「経営とは何ですか？」と。経営と言っても、さまざまな観点で、いろいろなことを言われます。私も、さまざまなことを、いろいろな人から、学ばせていただいていますけれども、私自身の信念としては、やはり、「3歩先を読み、2歩先を語り、自分の言葉で語って、1歩先を照らす。これが経営だ」というように、自分自身は損保時代、生保時代を通してずっと思っています。

　この「3歩先を読む」ということは、具体的には、「変化の本質を見抜く」ということだと思っています。「変化の本質を見抜く」ということが、私は、やはり一番大事なことだと思っています。変化の本質を見誤った歴史的な事実は、本当にたくさんあります。現在の日本の企業でも、たくさんあります。卑近な例で言いますと、固有名詞を挙げて悪いのですけれども、誰も写真の

フィルムがなくなると思いません。ところが、富士フィルムさんなどは、正確に変化予測をされる中で、業態を変えられて、経営のパラダイムを変えていきました。世界一のフィルム会社のコダックは、「あり得ない」ということで頑張って、潰れてしまいました。

　あるいは、私は、「日本の歴史を変えてしまったのは、真珠湾攻撃、とその後の日米の対応だ」ということを、よく講演でも言うのですけれども、あの真珠湾に潜むアメリカの艦船を、日本が、山本五十六と南雲中将とで奇襲作戦で撃沈しました。以後その経験をもって、アメリカは、「これから海戦、海の戦いは、艦船の戦いではない。航空母艦による機動作戦だ」という具合に、アメリカは全面的な戦略転換をやったのです。それを教えた日本が、またアメリカとの戦いの中で、明治の「坂の上の雲」に戻ってしまいまして、「大和」を造って「武蔵」を造って、大艦船を造り大艦巨砲艦隊に戻ってしまいました。ところが、飛行機が進化して、原子爆弾ができてしまったら、何の役にも立たないわけで、大和などは、ご承知の通り、呉を出て１週間で、もう撃沈されてしまいました。

　だから、変化の本質を見誤るということが、歴史も変えてしまう、企業の盛衰も変えてしまいます。従って、私は、「３歩先を読む。これは、やはり変化の本質を見抜くことだ」と。「２歩先を、トップは自分の言葉で語る」。「１歩先を照らす」。「照らす」とは、別に懐中電灯で照らすわけではなくて、「その道筋を示す」ということです。私は、これが経営の責任だと思っていまして、常に自分の胸に置いていることは、この「３歩先を読み、２歩先を語り、１歩先を照らす」と、これが一つの経営ではないかと、このようなことを口幅ったく皆さんの前で言うことも失礼なのですが、私はそう思っています。

　最後の最後に、これは、わがほけんの窓口グループの組織の言葉として、本当にうるさく社員に言っていることです。「ただひたすら謙虚に、真面目

に、お客さまと向き合って、募集道の王道」。これは、少し抽象的な言い方ですけれども、「募集道の王道」とは、先ほどの最優の会社づくりの三つなのですね。いわゆる、「お客さまと向き合う７ヶ条」、「完璧な募集体制の構築」、それから、「お客さまの声が経営の原点」、私は、これが募集道の王道だと思っています。だから、それほど難しい話ではないのです。それほどややこしい話ではないのです。「ひたすら、本当に真面目に、謙虚にお客さまと向き合って、募集道の王道を往けば、いかなる困難、いかなる変化にも対応できる」、このことを私は、本当に毎日くどいほど社員に言っています。

　このように、私は、本当に平たいことといいますか、難しくないこと、皆ができること、皆が自分の頭で考えられること、自分が「こうしよう」と思ったら自分で変えられること、だから「お客さまと向き合う」ということも、そうです。私は、そのようなことの積み重ねが大事だと思っています。かなり書生っぽく説教するような中身もありますけれども、ときにはそのようなことも必要ですけれども、本当に日常的に、「お客さまと向き合うということは、このようなことなのだよ」ということを、トップ自らが、やはり自分の言葉で語り続けるということが、私は、一番大事ではないかと思っていまして、以後、これからも、そのようなことでやっていきたいと思っております。

　　　　（本稿は 2014 年 9 月 26 日のシンポジウムの基調講演に加筆したものです。）

静岡銀行の保険販売体制

株式会社静岡銀行　個人部

ビジネスリーダー　鈴木　将之

　本稿は、2013年6月28日に開催された、保険規制問題研究所のシンポジウム「保険募集の課題と展望－金融審WGの「報告案」をめぐって－」における講演および講演資料を加筆修正したものである。

本日の内容

1. 銀行チャネルの特色
　　～銀行の一般的なイメージと実態
2. 静岡銀行における保険販売実務
　　～顧客保護・意向把握・情報提供の状況
3. 保険業法改正への対応
　　～態勢整備・意向把握・情報提供の課題

　静岡銀行の個人部から参りました鈴木です。本日は静岡銀行の保険の販売体制について、ご説明いたします。

　本日の内容は、まず銀行チャネルというものはどのようなものか、皆さんの一般的なイメージと、その実態というところに、少し触れます。続きまして、静岡銀行における保険販売の実務として、主に顧客保護、意向把握、情

報提供の3点について、現状はこのような形で業務を進めているというところを、お話します。

最後に、今回の保険業法改正への対応として私どもの銀行がどのようなことを考えているのか、「体制整備、意向把握、情報提供の課題」というタイトルで、簡単にご説明したいと思います。

なお、これからお話しする内容は、時間の都合上、要点のみのご説明となりますので、説明が足りない部分や正確性を欠く部分が多々あるかと存じますが、ご容赦願います。

それでは、銀行の一般的イメージの図をご覧ください。銀行のイメージには、いい面と悪い面があると思います。二重丸で付けた、いい面が六つほど、そして、三角形で付けた少しマイナスイメージなところを、記載しています。

この中で、反論したいマイナスイメージもありますし、「その通りだな」と思うマイナスイメージもあります。金融業はお金を正確に取扱うということが第1ですので、いろいろ固いと思われているところがあると思います。

その点についてはご容赦いただきたいと思います。

この図で銀行業務というものを、少しだけご説明させていただきます。銀行業務は、預金、融資、為替決済が、伝統的業務として銀行が昔から行っていた業務です。極端にいうと、1970年代までは、この三つの業務しかなかったといっていいと思います。1980年代になって、国債をはじめとする証券業務の取扱いが認められました。90年代になると、信託業務の取扱いが普通銀行にも認められました。

2000年代、本日のメインの話となりますが、保険業務の取扱いが認められました。これら新種業務を加えました全体が、今、銀行で取り扱っている金融商品です。そうすると、銀行で取り扱っていない金融商品といいますと、もう株式くらいしかなくなってきています。銀行というものは、政策的にあらゆる金融商品を一括して扱えるようなところにしていこうと、そのような構想の中で、現在、いろいろな商品が取り扱われています。

1－2　銀行の優位点

①社会インフラとして認知
（社会性・公共性⇒安心感・信用力の醸成）

②預金・融資・為替情報の保有
（家計状況、資産状況、取引状況の把握）

次に銀行が他の業種より優位と考えられる点についてご説明します。ここに記載のとおり、銀行は社会インフラとして認識されている点が挙げられます。インフラとしての社会性・公共性はイコール安心感・信用力につながり、

お客様に「銀行は安全で信用力もあるから取引しても大丈夫だろう」と思っていただいています。実は、そのようなところに銀行が甘えてしまっている面もあるように感じています。

　もう一つ、これは絶対的に優位な点だと思っていますが、銀行は預金・融資・為替情報を持っているということが挙げられます。お客様の金融取引状況は当然として、お客様の資産の状況や、お客様の取引相手の状況など、銀行は普段の業務の中で、自然といろいろなことが分かってしまいます。銀行がこれらの情報を無制限に利用してしまうと、他の業種の人を圧倒してしまう恐れがあります。これは確かに起こり得るかと思います。

　この二つの優位性を100％活用した場合、いろいろな弊害が起こると考えている方もいますので、現状、銀行に対しては、特別な規制が数多く課せられている次第です。

1-3　銀行の弱点

①慢性的繁忙状態
　（多様な業務、多くの顧客、大量の取引）

②頻繁な人事異動・係替え
　（ゼネラリスト志向、専門家が育ちにくい）

　反対に、銀行の弱点についても2点ほど述べておきます。最初の弱点は、一般的に銀行は慢性的な繁忙状態にあるということです。銀行の多くは、多様な業務、多数の顧客、大量の取引のため、それを処理していくだけで手一杯という状態にあります。

二つめの弱点としては、頻繁な人事異動・係替えが行われる業種ということです。3年経てば、新しい仕事に携わらなければならない、新しい職場へ移らなければならない、ということで、銀行というところはゼネラリスト志向が自然と強くなり、専門家が育ちにくいという体質的な問題を抱えています。

このような弱点を抱えていても、何とか支障なくやっていける銀行独特の保険窓販体制を模索してきたというのが、今までの状況だったように思います。

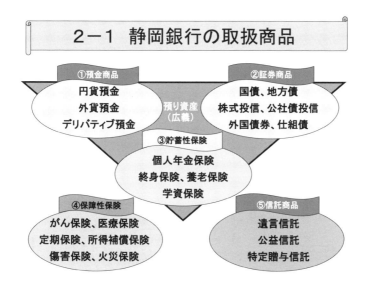

続きまして、「現在の銀行の販売体制」の説明に入ります。静岡銀行の取扱商品の中で、「預り資産」と呼ばれている商品をご説明します。ここに「広義」と書いてありますけれど、私ども静岡銀行でいう預り資産には円貨預金を除いています。円貨預金は、お客様からお預かりしている資金全体の80%近くを占めていますので、円貨預金を預り資産に含めますと、その変動のみが預り資産全体の変動を決めてしまい、実態がよく分からなくなってしまう

からです。ほかの銀行も多分そうだと思いますが、円貨預金を除いた「狭義」の預り資産の販売により、収益をいかに上げていこうかで苦心しているように思います。

　預り資産の中身は、預金商品以外に、証券商品、そして、貯蓄性保険商品があります。預り資産以外の商品としては、がん保険、医療保険、定期保険といった保障性保険商品や、信託商品というものも取り扱っています。ただ、終身保険でも保障性が強い平準払型の終身保険もあれば、定期保険でも最初に多額の保険料を前納し、貯蓄性商品代わりにしてしまう組み立てもできますので、預り資産商品かそうでないのかは、明確に区別ができない場合もあります。これら商品の中から、お客様の意向にぴったり合ったものを選んでもらうという販売方法を静岡銀行では推進しています。

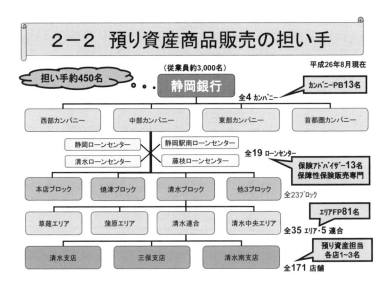

　次に、私ども静岡銀行の販売体制、販売方針についてご説明します。静岡銀行では現在、四つのカンパニー制をとっておりまして、その下にブロック、ブロックの下にエリアあるいは連合といわれている組織があって、そのさら

静岡銀行の保険販売体制

に下に、やっと営業店が出てきます。例えば、一番下のこの清水連合の中にある三つの支店、清水支店、三保支店、清水南支店には、預り資産担当者が1店舗あたり1～3名います。その上層であるエリアあるいは連合というところにも「エリア FP」と呼ばれる人員が配置されています。現在、エリアFPは銀行全体で総勢81名おり、全部で40のエリアおよび連合がありますので、大体一つのエリアあるいは連合に2名くらいのエリアFPが配置されています。なお、ブロックという単位には、人員を配置しておりません。

次に、ローンセンターにおける保険販売についてご説明します。静岡銀行では現在、全部で19のローンセンターがあります。この中の13のローンセンターに「保険アドバイザー」という、がん保険や医療保険といった保障性保険販売専門の担当者を配置しております。静岡銀行の営業エリア全域に対する保障性保険専門の販売担当者がたった13名しかいないということで、非常に手薄な状態と考えています。

その他の預り資産販売担当者としては、最上層のカンパニーというところにも「カンパニーＰＢ」と呼ばれる富裕層のお客様に対して、いろいろな商品を提案することを役割とする13名の担当者を配置しております。

静岡銀行における預り資産販売の担い手は、このカンパニーＰＢ、保険アドバイザー、エリアＦＰ、預り資産担当の、総勢約450名となります。静岡銀行全体で約3,000名の行員がいますので、15％くらいが預り資産の担当者としてやっています。ただ、この中で「保険の専担者」は保険アドバイザーだけしかいません。あとのカンパニーＰＢ、エリアＦＰ、預り資産担当は、先ほど述べました預り資産の全部についてお客様に提案していますので、保険の専担者というわけではありません。静岡銀行では、より専門的な知識およびスキルが必要と考えている保障性保険の販売担当者のみ、専門家を育成し、お客様の保険見直しニーズに的確にお応えできる体制を整えてきた次第です。

2-3 販売担当者の育成

・販売資格は入行後最初の半年間で取得
・集合研修は半年単位でサイクリックに実施
・営業店勉強会は約40メニューの中から任意選択

＜25年4~9月の研修実績＞

研修の種類	延べ回数	延べ参加者数
本部集合研修	30回	1,197名
営業店勉強会	975回	2,848名
合 計	1,005回	4,045名

　次に販売担当者の育成についてご説明します。育成については、「販売資格は入行後半年で取得する」という前提で研修を組んであります。その間で、生命保険の販売資格だけではなく、損害保険の販売資格や証券外務員資格など、いろいろな資格を取らなければなりません。100人受験すれば、1人くらいは落ちてしまうのが実態です。お客様との折衝の仕事に就くことは、これら資格を全部取ってからでなければいけないという行内規定がありますので、試験に落ちた行員は、次に合格するまで、お客様との折衝業務につけません。

　その研修につきましては、大まかにいうと「集合研修」と「営業店勉強会」の2つに体系が分かれておりまして、集合研修は本部がプログラムを考え、講師を手配し、受講生を募集あるいは指名して、本部の研修センター等に丸一日集め、半年単位でサイクリックに実施している研修です。営業店勉強会は提携する保険会社各社にお願いし、自社の得意とする研修テーマを40ほどメニューとして公開してもらい、各営業店がそのメニューの中から受けたい研修を選択して、日程調整したうえで保険会社の方を講師としてお招きし、各営業店にて1回1時間程度で開催する研修です。各保険会社からは、相続

対策、商品解説、販売話法、応対マナーなど、いろいろなメニューを出してもらっていまして、人気のあるメニューを公開している保険会社ほど商品の売れ行きがよいという相関がみられます。

研修の開催実績は、昨年の4～9月の6カ月間の実績なのですが、本部での集合研修は30回で延べ1,197名参加、営業店勉強会は975回で延べ2,848名参加しています。合計すると、半年間でおよそ1,000回の研修をして4,000名が参加しているという状況です。販売担当者は450名程度ですので、平均すると半年間で研修には一人8～9回参加していることになります。

　研修の中身につきましては、営業店勉強会の大半は、商品の販売に直結する研修が主になります。集合研修は、長期的な視点で深い業務知識およびスキルを身に付けることを目的としている研修で、各担当者のレベルに応じ、ステップ1、2、3というように段階を踏んで、より高度な研修内容に順次トライできるような研修体系が組まれております。

2-4　貯蓄性保険の販売フロー

預り資産担当者の標準的販売フロー	
Step 1	資産運用ニーズ喚起
Step 2	適合性確認アンケート取得‥。○　意向把握
Step 3	提案商品群の選定
Step 4	弊害防止に関する顧客同意取得
Step 5	商品提案（設計書作成・商品説明・勧誘等）
Step 6	高齢者等の特定顧客対応‥。○　顧客保護
Step 7	申込書類受領・保険料送金
Step 8	取扱者報告書・チェックシート・交渉記録等作成

次に、保険販売の手順についてご説明します。担当者が実際に行っている販売フローについては、この表のとおりステップ1から8の手順があります。この中で重要なところは、ステップ2の適合性確認アンケート取得の部分です。静岡銀行では、このアンケートによって商品提案前にお客様の意向を把握することを義務付けています。アンケート取得後、その内容次第で、いろいろな対応をとる必要が起こってきます。具体的にはステップ6に記載されている「高齢者等の特定顧客への対応」をとる必要があるということです。その対応が終わって、初めて保険の申込書類を受け付け、保険料を送金し、契約を結ぶ、という手順になります。

2-5 適合性確認アンケート項目

＜A.資産運用についてのお考え＞
　①手許資金の性格（生活費、使い道有無、借入金有無）
　②運用可能期間（1年未満、1～3年、3年以上）
　③運用可能額（100万円以内・・・、1000万円超、未定）
　④運用方針（安定重視、元本重視、配当重視、値上重視・・・）
＜B.資産運用についての知識と経験＞
　①相場の理解状況（株式相場、為替相場の把握状況）
　②金融資産状況（500万円以内・・・、1億円超）
　③運用経験（過去5年以内に保有した金融商品の種類）
＜C.職業・勤務先＞

　では、この適合性確認アンケートにより、どのような情報を取得しているのかというと、資産運用についてのお考え、お手持ちの資金の使途、運用可能期間、運用可能額を答えていただいた後、一番重要なこととして「安定性を重視していますか？」、「元本重視ですか？」、「配当重視ですか？」、「値上がりを重視していますか？」という質問を用意し、お客様の運用方針を具体的に答えていただきます。ここの回答が、お客様への提案商品の選定

において重要なところとなります。

次に相場の理解状況として、株式相場や為替相場をどれくらい把握しているのかを答えていただきます。さらに金融資産をどれくらいお持ちか、また、過去に申し込んだことがある商品にはどのようなものがあるのかを、アンケートにより答えてもらいます。

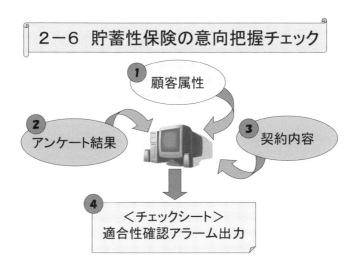

最終的にどうなるかといいますと、アンケートの結果を銀行のコンピューターの中に入れてしまいます。このコンピューターには元々、お客さんの年齢、住所、家族といった顧客属性が入っています。それにプラスして実際に契約に至った場合には、契約内容もコンピューターに入れます。そうすると、この１、２、３の三つの関連で、「適合性に則った商品を売ったかどうか」、「何か注意しなければならないことがあるかないか」、このようなことが自動的にチェックシート上にアラームメッセージとして出力されるようになっています。このアラームメッセージについて、すべて問題がないことを確認しない限り、「正当な販売ができた」とは見なしていません。

2-7 静岡銀行の特定顧客対応

①高齢者取引対応・・・70歳〜、75歳〜、80歳〜の3段階
　　　　　　　　　（親族同席、複数行員面談、勧誘禁止、販売禁止）
②初心者取引対応・・・知識の無い方の即決お断り
③未経験取引対応・・・未経験取引の即決お断り
④代筆取引対応・・・役職者による本人との面談確認実施
　特に障害者の場合・・・役職者による契約意思確認実施
⑤融資先取引対応・・・融資金の混入、圧力募集確認

　次の表は、静岡銀行における「特定顧客対応」にはどのようなものがあるのかを示しています。顧客保護上の手当てをどのように図っているのかということですが、まず、最初に高齢者との取引対応としては、70歳、75歳、80歳の3段階にお客様を区分します。

　70歳以上のお客様には原則、お客様の親族同席にて対応させてもらいます。75歳以上のお客様には、勧誘してはいけない商品を定めています。80歳以上となりますと、販売禁止とする商品を定めていることに加え、販売可能な商品であっても複数行員が顧客の意向を確認することを義務付けています。

　2番目は初心者との取引対応です。これは、先ほどのアンケート結果から初心者と判断できるお客様については「知識のないかたの即決は、お断りします。一晩考えてくださいね」という対応を原則としています。これは3番目の未経験取引についても同じような対応であり、過去5年間の間に経験したことがない種類の取引を申し込む場合は「即決せず、一晩考えてからお決めいただけませんか」という形で対応します。

　4番目として代筆取引の場合です。これは、顧客保護上特に重要なことだと考えています。代筆取引が行われた場合は、募集担当者が本人と実際に面

談しているかを、役職者に確認させています。さらに加えて代筆が障害を原因とする場合には、その役職者がお客様と直接お話をし、お客様に確かに契約する意思があったかを確認することを義務付けています。最後の5番目は銀行特有の特定顧客対応となります。融資先への取引対応として、融資先に対して融資したお金が、う回して保険の方に回っていないか、また、圧力募集の形跡がないかということについて、役職者が確認する対応を義務付けています。

以上、1から5に記載した特定のお客様に対する対応は、手を抜くことなく的確に行うことを義務付けています。

2－8　顧客への（比較）情報提供

＜取扱商品一覧表＞
記載内容 ➡ 商品種類、商品名、保険会社名、主なリスク
（平成26年8月現在以下の5種類を制定）

① 満期のある貯蓄性保険商品一覧(15商品)
② 満期のない貯蓄性保険商品一覧(18商品)
③ 保障性生命保険商品一覧(34商品)
④ 火災保険商品一覧(2商品)
⑤ 法人向け生命保険商品一覧(14商品)

体制整備の最後として、「顧客への情報提供」についてご説明します。現在、銀行の保険窓販規制上「取扱商品をお客様に提示しなさい」という義務が課せられています。静岡銀行では取扱商品一覧表をお申込みいただいたすべてのお客様に手交しておりますが、お客様に提示している書類の中で、商品の比較ができるものは、唯一この一覧表しかありません。

ただし、記載されている内容は、商品種類と商品名、保険会社名、主なリ

スクくらいで、情報は僅かです。リスクについての記載はありますが、個別商品のリスクに触れてしまうと、一部比較になってしまう可能性がありますので、特定の商品種類全体に共通して起こり得るリスク、例えば「中途解約をしたら元本が割れる可能性があります」とか、「為替の変動によって残高が増減します」とか、「株式や債券市場の動向によって残高が増減します」といった内容が記載されています。個別商品特有のリスクではなくて、商品種類のまとまりのなかで、「そのまとまりには、どのようなリスクがあるのか」という点をお客様に示すような一覧表となっています。

　商品数が結構ありますので、現在は5種類の一覧表に分かれています。個人年金保険などの満期のある貯蓄性保険商品が15商品、終身保険などの満期のない貯蓄性保険商品が18商品、がん・医療保険などの保障性保険が34商品です。その他、火災保険は2商品、逓増定期保険などの法人向け保険商品が14商品となっています。これらを、該当する商品を申し込まれたお客様全員にお渡しすることが、静岡銀行のルールとなっています。

3-1　保険業法改正対応（態勢整備）

～静岡銀行の態勢整備状況
　　・・・1000本以上の行内規定を制定
　　・・・400名以上の販売担当者の継続的育成実施
　　・・・保険申込受付ごとに募集状況をチェック
　　　（募集担当者、同席行員、役職者、システム、本部担当者、本部役職者）
　　・・・銀行ミドル部門による継続的モニタリング実施
　　・・・毎月1回の営業店自己点検実施
　　・・・毎年1回の銀行監査部による営業店検査実施
　　・・・毎年1回の代申会社による本部営業店検査実施
　　・・・数年に1回の金融庁検査および日銀考査対応
　　➡ ★既に疲弊状態。各保険会社の監査姿勢が最大懸念！

最後のテーマとして「今回の保険業法の改正に対して、どのように対応をするか」についてご説明します。

　現在の静岡銀行には1,000本以上の行内規定が制定されており、それらの規定に基づいて、銀行内の各組織が動いています。これほど社内規定が多いというのは、銀行業界独特の話かもしれません。

　「こんなに決まりが多くて、よくやっていけるね」というような話も聞きますけれど、逆に、規定がないと動かないという弊害も起きてきているように思います。とにかく、体制としては1,000本以上の行内規定により、400名以上の販売担当者が、同一水準の販売活動を継続的に行える体制が整えられているといえます。

　次に保険募集状況の確認体制ですが、保険申し込み受け付けごとに募集状況を必ずチェックしています。まず、募集担当者による自己チェック、次に同席した行員によるチェック、さらに営業店の役職者によるチェックが行われます。加えて先ほど述べましたが、契約内容をシステムに入力することによるシステムチェックが行われ、そして、本部の申込書類集中部署に送付された書類は、本部の担当者がチェックをして、次に本部の役職者がそれを承認して、それらすべてをクリアして初めて保険の申込書が保険会社へ送付されます。このように何重ものチェック手順を踏んで、保険の申込書が保険会社まで届く仕組みにしてあります。

　さらに銀行ミドル部門による継続的モニタリングといって、銀行の中には、コンプライアンス管理部門、リスク管理部門を統括するミドルのセクションがあります。そこが、クーリングオフの状況や、中途解約の状況についてのモニタリングを常にしています。

　また、毎月1回の営業店自己点検を義務付けていますし、毎年1回の銀行の監査部門による営業店検査もしています。さらに、毎年1回、代申会社による本部や営業店の検査も受けています。数年に1回の金融庁検査および日

銀考査も、当然受けています。

　このようなことを10年以上もやり続けており、正直いいますと、今、銀行はかなりの疲弊状態にあるように感じます。今回の業法改正により「体制整備に関して、これ以上、一体何をやらせるの？」というところが本音の部分です。

　私が今一番心配していることは、各保険会社の監査姿勢についてです。もし、全保険会社が銀行の営業店に無予告で飛び込んできて「監査をする」と言ったら、銀行業務は止まってしまいます。

　現実にはそのようなことは起こり得ないと思っていますが、ただ、どこの保険会社も「うちの会社だけには、営業店の監査をさせてよ」というように、こっそり言ってくるのです。けれども、それが20社、30社となると、とても対応できません。現状では、生保は日本生命、損保は東京海上日動火災が、静岡銀行の代申会社として営業店監査をしていますので、その結果を尊重してもらいたいというのが本音です。

3-2　保険業法改正対応（意向把握）

＜貯蓄性保険＞…アンケートに準拠した商品販売を継続
　～顧客の真の意向を歪めないための行内規制
　　①1商品だけの提案禁止（提案した商品を必ず記録）
　　②同種の商品なら何を売っても同じ実績評価
　　③中途解約後一定期間の成約は実績ゼロ評価
　➡ ★意向合致確認機会の提供＝意向確認書の受領？

＜保障性保険＞…アンケートに準拠した商品販売では不十分
　～顕在化している意向と潜在的意向が異なるケースは多々あり
　　①潜在的意向の把握はアンケートだけでは困難
　　②保険コンサルティングにより潜在的意向を顕在化
　➡ ★当初意向と契約時意向が乖離した際の理由記録？

続いて、「意向把握」についての対応をご説明します。貯蓄性保険については、アンケートに準拠した商品販売を継続するつもりです。私どもの銀行では、お客様の意向をゆがめないための措置として「複数商品を必ず提案し、提案した商品を記録に残す」、「同種の商品は何を売っても、同じ実績の評価をする」、「中途解約後、一定期間の成約は実績ゼロ評価とする」という決まりを設けており、お客様に「手数料が高い商品のみ売る」というようなことはさせない体制をとっています。

ここでひとつ気になることがございまして、今回「意向合致の確認機会の提供」という規制が設けられるようですが、これは現行の意向確認書の「読み合わせ」で済む程度のものなのかどうかということです。新たな帳票の作成が必要となると、意向確認書、および先ほど説明しました適合性確認アンケートとの関係がどうなるのかということについて、整理する必要があると考えています。

次に、保障性保険に対する意向把握ですが、保障性保険については「アンケートよる把握には少しなじまないのかな」という気がしています。アンケート結果に準拠した保険商品を提供するだけでは、お客様は真の満足を得られないように思います。「時間をかけた保険のコンサルティングにより、自分に必要な保険が初めて認識できた」というようなことが、今まで、何回も起こっています。そうなりますと当然、当初のアンケート結果と実際に販売した商品の内容が食い違ってくる場合が起こることが想定されますが、その対応として、当初意向と契約時意向がかい離した際の理由の記録というものが、どこかで必要になってくるのではないかという気がしています。

3-3 保険業法改正対応(情報提供)

＜取扱商品全情報の提供は実務上不可能＞
⇒膨大な商品情報の中から何を提供？
①保険契約者の保護に資するために必要な情報
②保険加入の適否を判断するのに必要な情報
・・・情報の要不要のレベル感は顧客ごと微妙に相違

★内閣府令で定められた情報を最低限提供 ＋
重要事項(商品概要・注意喚起情報)提供 ＋
顧客の要望に応じた情報提供＝現行と同様？

　最後に「情報提供」について少しご説明します。情報提供といいましても、全情報の提供は当然不可能です。今回の法令改正では「保険契約者の保護に資するために必要な情報」とか「保険管理の適宜を判断するために必要な情報」を提供すべきとされていますが、個々の情報の要・不要のレベル観というものはお客様個人ごとに異なります。

　今回も、内閣府令で定められた情報をミニマムスタンダードとして提供し、それに加えて重要事項、商品概要、注意喚起情報を説明して、その他に顧客の要望に応じた情報提供を個別に行うことになると思います。要は販売担当者にどれだけお客様の意を酌む能力があるかにかかってきますが、お客様の意向に応じた情報提供を行うよう努めるということは、ある面、現行と変わらないのではないのか、という気がしています。

　以上、銀行の保険の販売体制と今後の予定について、ご説明をさせていただきました。

3-4 おわりに

- 火災保険窓販開始の2001年から13年経過
- 個人年金窓販開始の2002年から12年経過
    〜10年一昔と言うけれど・・・
- 銀行のみの販売先規制は依然として存続

> 銀行の大事な取引先に保険の案内ができない
> ⬇
> 銀行の保険窓販は未だに非公開業務

「終わりに」ということで最後に一言だけ言いたいことは、銀行窓販を始めて10年以上経過しましたが、現状、「銀行のみの販売先規制」というものが依然として存在していて、顧客利便性の面からこのままで良いのか疑問があるということです。

販売先規制というものは、銀行の大事なお客様に保険の案内ができないということであり、これがあるために、テレビコマーシャル等で「銀行が保険窓販しています」と大々的に宣伝することもできません。この規制がある限りは、銀行の保険窓販というものは、いつまでも非公開業務にすぎないと感じています。何とかこれの改定をしていただければありがたいと、私どもでは思っている次第です。

少し話が長くなりましたけれども、以上で終わらせていただきます。どうもありがとうございました。

以上

保険募集ルールの新たな地平

日本損害保険協会　シニアフェロー
日本損害保険代理業協会　アドバイザー
丸紅セーフネット株式会社　常勤監査役

栗山　泰史

　栗山でございます。どうぞよろしくお願いいたします。

　私も、なぜ今ここに、こうして立っているのかということにつきまして、一言申し上げたいと思います。今、ご紹介いただきましたが、前職、損害保険協会で常務理事をしておりました。この間、最も印象に残り、かつ、自分としても大切な仕事だったと感じていますのが、東日本大震災における中央対策本部事務局長としての仕事でした。

　日本人にとって、あれほどの大災害は、まず一生のうちに経験できるかどうか、というようなものです。まさに大変大事な仕事に就かせていただいたということもありまして、業界紙その他に色々と考えるところを書いておりました。その後、損保業界を離れてからも引き続き色々なところから声をかけていただいて、書いたり話したりしております。

　大体、書いたり話したりしておりますと、評論家っぽくなっていくわけですが、私としては、最後まで評論家にはなりたくないと考えております。では、どのようなところで評論家でない自分を見出すのかということですが、現在、私の念頭にありますことは、「地域における専業代理店」であります。

地域の専業代理店の皆さんを応援し、場合によっては、厳しいことを申し上げて、地域の専業代理店の皆さんが少しでも発展できるように、そこに、評論家ではない実務家としての自分の役割というものを見出したい、というように考えています。

　従いまして、本日のテーマ「保険募集ルールの新たな地平」と、少し文学的につけてみましたが、代理店としての経営戦略と体制整備を考えるに当たり、主として念頭にありますのは「地域の専業代理店」であります。

　新たな募集ルールが登場しますが、これは明治以来続く募集ルールが根本から変わるということであります。私としまして、この新しい募集ルールには、5つのメッセージが込められていると考えています。この5つのメッセージは一体どのようなものなのか、それをこれから順を追ってお話しいたします。

　さて、本日の流れですが、まず、新たな保険募集ルールのポイントについて振り返ります。そして、この保険募集ルールが出てきた背景を述べ、その新しい募集ルールにどう対応するべきなのかについてお話します。「どう対応するか」というときに、何よりも重要なことは、代理店としての経営戦略をもう一度練り直すことだと考えています。そして、練り直した経営戦略に基づいて、初めて体制整備がついていくということを含めて、体制整備の在り方をお話しいたします。最後に、新たな保険募集ルールの下で代理店と保険会社との関係がどう変化するのか、ということに触れたいと思います。

新たな保険募集ルールのポイント

　新たな保険募集ルールのポイントですが、これについては、会場の皆さんはすでに熟知しておられるということを前提にしまして、簡単に振り返ります。金融審議会の保険ワーキング・グループの報告書においては、「規制の

再編成」という言葉が使われています。そして、この再編成という言葉のもとに、2つの柱が設けられます。

　一つが、「代理店としての義務を法律で定める」ということであります。これについては、先ほど申しました報告書の中では「基本的ルールの創設」と表現しています。今は何もないところにゼロから創り上げるという意味で、「基本的ルールの創設」という言葉が使われています。もう一つが、「金融庁による代理店の直接監督を可能にする」ということです。

　この2つが再編成の柱ですが、最初の「義務の法定」ということに関しまして、大きく2つの義務に分けていいのではないかと思います。一つが、募集人の一人ひとりが顧客のところで保険について色々な説明をしますが、その説明の仕方に、法律上の義務が課せられるということです。この一人ひとりの募集人の義務こそが意向把握・確認義務と情報提供義務です。

　一人ひとりの募集人に義務が生じる一方で、組織としての代理店において、社長としての経営責任をベースにした義務が設けられます。これが、代理店主に課せられる体制整備義務です。中でも、比較推奨販売を行う乗合代理店には、非常に重い義務が生じます。同じように代理店としての体制整備義務であっても、比較推奨販売を行うかどうかによって、この義務の重さが相当程度異なるという認識が必要になるわけです。

　二番目の柱である「金融庁による代理店の直接監督」ですが、これについては、改正された保険業法によれば、「内閣府令で定める規模の大きい特定保険募集人に限る」という位置づけになっています。金融庁がどの程度のものを特定保険募集人として指定するのかというところは、保険業法施行規則に定められますが、いずれにしても、最初に少数の代理店から金融庁の直接の監督下に入れる、ということになっているわけです。

　しかしながら、特定の募集人がごく少数に限られるからと言って、ほとんどの代理店にとっては関係のない話かといいますと、決してそうではありま

せん。後で詳細に触れますが、比較推奨販売を行う乗合代理店は規模の大小に拘わらず影響を受けることを覚悟すべきと考えています。

新たな保険募集ルール登場の背景

　次に、新しい保険募集ルールが登場してきた背景について簡単に触れます。

　背景の1点目は、金融庁の担当官の言葉を借りれば「保険業法の現代化」です。つまり、1996年の金融ビッグバンの際に、保険を除く銀行、証券の世界においては、金融商品の販売に当たり、極めて丁寧に説明をした上で販売するということが、銀行法の改正と金融商品取引法の制定によって、募集人に義務付けられたわけです。

　皆さんの中に、投資信託を銀行や証券の窓口でお買い求めになられた方がおられると思いますが、金融商品は簡単に売ってもらえるものではありません。とんでもなく長い説明を聞いた上で、ようやく買うことができる、これが金融商品であります。これと保険を比較したときに、保険については詳細な説明が募集人に義務付けられることがないまま募集されているということが、ご理解いただけると思います。これこそは、まさに、金融ビッグバンのときに、保険の募集について、旧募取法（保険募集の取り締まりに関する法律、以下「募取法」）をあまり大きく変えることなく保険業法の中にそのまま横滑りで入れた結果によるものです。つまり、保険の募集については昔ながらの制度が全く変わっていなかったということに由来するものであると申し上げてよいと思います。

　もう一つ、今回、募集ルール登場の背景として指摘しなければならないことは、お客さんの保険説明に関するニーズが変化したということがあります。顧客の変化に対応して、代理店が変わり、行政が法律を変えることになったというわけです。従来、代理店は、顧客から「あなたを信頼して判子を押す

から、後は適当にやっといてください」と言われ、または、代理店の方から顧客に対して「私がしっかりやっときますから、信頼してください。」といいながら仕事をしてきました。つまり、顧客からの「信頼」に、戦後の戦争未亡人の登場による「義理と人情とプレゼント（Ｇ．Ｎ．Ｐ）」という保険特有の募集の仕方が重なり合うところに、長く明治の時代から続く日本における保険の募集の形が作られてきたわけです。このような代理店の行動が、これから先は、顧客の変化を前にして、必ずしも有効ではなくなります。

　今、顧客は、昔から取引がある代理店の勧めによって付けていた保険について、「本当に必要な保険なのだろうか？」、「もっと保険料の安い保険があるのではないか？」、「自分のリスクに応じた保険は何なのだろうか？」、そのような素朴な疑問を抱き始めていると言ってよいと思います。そのような疑問を抱いた顧客の中に具体的に行動を起こす人たちがいて、パソコンを通じてダイレクト保険会社の商品を探し、自分が付けている保険証券を持って来店型ショップを訪れアドバイスを求める、ということが起こっているわけです。まさに、顧客の「自ら保険を選別するのだ」という意思が、大きく表れています。そして、代理店は、そのような顧客の変化の中で、従来型の保険募集から脱却しなければならないわけです。

　そのような大きな変化の中で、行政が打ち出している基本的な方針が「製販分離」という考え方だと申し上げていいのではないかと、私は思います。製販分離という言葉を通じて、一部の代理店の中に、「やっと、あの小うるさい保険会社から逃れることができる。ようやく、ここから先は販売者として自由になれるのだ」というように理解している方がおられますが、それは根本から間違っています。製販分離の本質は決してそのようなものではありません。

　例えば、金融審議会に「金融業の中長期的な在り方ワーキング・グループ」という、銀行・証券・保険全体を展望する議論の場がありました。そこで出

された「現状と展望」という報告書の中に、個人の金融の分野において、これから先重要なこととして、独立系の投信会社や保険仲立人等——「等」とは「乗合代理店」を想定していると理解してよいと思いますが——中立的な立場での金融アドバイザーが不足しているので、それらを増やし、顧客サイドに立った独立系金融仲介業者が必要なのだ、ということが記されています。

　ここで言っていることは、保険で言えば、保険募集人は保険会社と一体化し、例えばキャンペーン等によって無理矢理顧客に売りたい保険商品を押し込むというような形はよくない。保険募集人は保険会社から分離して、顧客に寄り添い、顧客の立場で、顧客のリスクに見合う必要な保険を売らなければならないということです。つまり、保険会社から離れて、顧客に寄り添うことこそが、製販分離という言葉の意味する本質です。

　その結果、代理店にとってはより大きな負荷がかかる話であり、それを実現するためには、代理店は今まで以上に厳しい規制のもとに置かれます。それは、法的な規制であるとともに、自分で自分を律する自己規制でもあります。

比較推奨販売を行う乗合代理店への規制の始まり

　今まで、今回の新しい保険募集ルールのポイントとその背景についてお話をいたしました。今までお話ししましたところまでで、新しい募集ルールが発するメッセージが3点あると思います。

　1つ目は、募集人の義務が法律で定められることに伴って、保険募集の形が根本から変わるということであります。これについてはもう言うまでもないことです。

　2つ目は、比較推奨販売を行う乗合代理店の体制整備義務に関するものです。今回、体制整備義務の中に、比較推奨販売を行う乗合代理店の体制整備

義務が独立した項目として設けられています。

あえて言えば、日本において明治以来ずっと続く保険募集の歴史において、「乗合代理店はイレギュラーなものである」というように理解すべきではないかと、私は思います。その第一の理由は、募集人に対する規制は間接的なものであったことにあります。行政は保険会社を監督し、保険会社は代理店を監督するという形で、募集人に対しては間接的な規制が行われてきました。それが真に効果を発揮するためには、代理店が1社専属でなければならないはずです。乗合代理店の場合、ある保険会社から見れば他の保険会社の部分がブラックボックスになってしまいます。そして、併せて不適切な乗換募集を排除するということも保険契約者の保護という点で、大きな行政上の課題でした。そのために、わが国においては、明治からずっと保険代理店は、基本的に業界の自主ルールによって1社専属でした。これが自主ルールから法律上のルールに変わったのは、戦後における保険募集に関する混乱によります。不適切な乗換募集を中心に、保険に関する混乱が起こった結果、昭和23年に募取法が制定されました。そして、この中で、初めて法律上明確に、生保に関する1社専属制が定められたわけです。

さらにもう一つ、募取法において保険の一部比較の禁止が行為規制として定められました。一部比較が禁止されるということは全部比較なら許されるということですが、実務上、全部比較は不可能であるため、結果として保険の比較販売は禁止される状態になりました。この規定は、その後、1996年の保険業法の大改正の際に保険業法300条に吸収され、「誤解させるおそれのある比較の禁止」として現在に至っています。いずれにしても、生保に関しては代理店を一社専属にした上で、さらに比較販売を禁止していたわけですから、「比較推奨販売を行う乗合代理店」はあり得ない存在であったわけです。

一方、損保についてはなぜ一社専属が定められなかったのでしょうか。損

保について、募取法制定と全く同じ時に、「損害保険料率算出団体に関する法律」（以下、「料団法」）が制定されています。料団法が制定されることによって、自動車、火災、傷害保険という主要商品について、全部の会社が全く同じ商品を同じ値段で売らなくてはならないということになりました。この結果、不適切な乗換募集や保険の一部比較が起こり得るはずがないという状況になったわけです。

　つまり、昭和23年を経て、行政は規制の在り方を、生保と損保で根本から変えました。生保に関しては募集を規制する、そして、この募集規制の法的な中心軸が1社専属制です。これに加えて構成員契約規制その他の規制が、募集の規制として入りました。損保においては、算定会を中心として商品を規制します。その一方で、募集については生保にのみ1社専属制が法定されたことの反対解釈として、乗合代理店が認められることになりました。しかし、だからといって少なくとも法的に乗合代理店が明記されたわけではありません。つまり、専属代理店と乗合代理店は全く区別されることなく、法的には同じ土俵で規制されてきたわけです。

　今回、改正された保険業法の中で、比較推奨販売を行う乗合代理店の追加的な体制整備義務が明記されました。これこそは、わが国における募集の歴史の中で、「比較推奨販売を行う乗合代理店については別の規制体系に置く」ということの行政の意思の表れであり、このことによって初めて、乗合代理店という存在が保険ブローカーと並ぶ正規のステータスとして法律上認められることになるというように理解すべきではないかと、私は思っています

　そのような中で、「保険ブローカーとの関係が、どのようになるのか？」という問題が出てきます。保険業法に「保険ブローカーというのは、このようなことをしなければならない」ということが、たくさん書かれています。従来、保険ブローカーは主として企業分野を活動の領域にしてきました。これに対して、個人分野では、大型の乗合代理店こそがブローカー的な機能を

発揮してきました。しかし、代理店であるがゆえにこれに対する規制の形は保険ブローカーとは大きく異なっています。今後、保険ブローカーと同じ機能を持つ主体として比較推奨販売を行う乗合代理店への規制がなされることによって、いきなりということはなくても、次第に両者への規制の中身は近いものになっていくのではないかと考えています。比較推奨販売を行う乗合代理店への規制が本格的に始まるということ、これが新しい募集ルールが発する２つ目のメッセージです。

代理店に対する金融庁の直接監督の意味

　次に、新しい募集ルールが発する３つ目のメッセージですが、比較推奨販売を行う乗合代理店への行政のかかわり方に関するものです。

　金融庁が今回、「直接の監督を行う」と決めた代理店は、比較推奨販売を行う乗合代理店です。比較推奨販売を行う乗合代理店は代理店としての独自の判断による募集プロセスを持っている、つまり、A、B、C、３つの保険会社の乗合であれば、その３社のどの商品を顧客に勧めるかは、保険会社のコントロールの外にある代理店としての独自の判断です。代理店としての独自の判断であるため、保険会社に監督を委ねるという現行の制度には限界があり、従って保険会社ではなく金融庁が直接監督するというのが背景にある論理です。そう考えれば、規模の大小にかかわらず、比較推奨販売を行う限り乗合代理店は全て、金融庁の直接監督の下に入らねばならないということに論理的にはなるはずです。しかし、金融庁も手が足りませんから、まずは対応が可能な範囲からということで、規模が大きいところから始める以外に方法はありません。

　今回の法改正では、「規模の大きな特定保険募集人」だけが行政の直接監督下に置かれます。この結果、比較推奨販売を行う乗合代理店であっても殆

どが行政の直接の監督を免れることになります。しかし、直接監督下に入る乗合代理店から外れたとしても、比較推奨販売を行う限り、それに伴う重い追加的体制整備義務を免れることはできません。例えば、顧客と何らかのトラブルが起こり、金融庁に苦情が行ったその瞬間、その代理店にはスポットライトが当たります。そして、比較推奨販売に伴う重い追加的体制整備義務が果たされていない結果、苦情が起こったということになれば、当然、その代理店は保険業法上の義務違反を問われることになります。

　乱暴な言い方をすれば、スピード違反に似ているようなところがあります。40キロ道路で速度を守って走っている車はあまりいません。そして通常は警察に捕まることはありません。しかし、40キロを超えて走れば、捕まるときには必ず捕まります。まさに一罰百戒こそが、スピード違反を検挙する最大の狙いです。比較推奨販売を行う乗合代理店である限り、これからは、重い追加的体制整備義務から決して逃れることができないという意味で、走る道路が速度制限のないドイツのアウトバーンのような道路から速度制限のある道路に変わったと考えるべきです。直接の行政の監督下に置かれることはなくても、広い意味では「金融庁の監督下に置かれることになる」という自覚をしなければいけない、ということだと思います。比較推奨販売を行う乗合代理店は、少なくとも論理的に金融庁の直接監督下に置かれる、これが3つ目のメッセージです。

　顧客に対する募集のやり方が変わるということ、比較推奨販売を行う乗合代理店への行政による規制が初めて歴史の中で明確にされるということ、そして、比較推奨販売を行う乗合代理店に関して、金融庁が直接それを監督する方向が打ち出されたこと、この3点が、今までお話ししたことから得られる新しいルールの発するメッセージと言ってよいと思います。

比較推奨販売を巡る代理店としての経営戦略の練り直し

　それでは、新たな保険募集ルールに、これから先どのように対応するべきなのかということであります。今、色々なところで、「体制整備をどのようにやればいいのだ」ということでセミナー等が開かれています。しかし、代理店としては「体制整備をどのようにするのか」ということで動き始めるよりも前に、足元をしっかり見ながら決めなければならないことがあります。それは、代理店としての自社の組織、社員の能力、保有している顧客、これから開拓しようとするマーケット、そのような様々な要素を十分に検討・分析しながら、「本当に比較推奨販売をこれからも行うかどうか」ということを、経営戦略として、もう一度練り直さねばならないということです。そして、検討の結果、「やはり比較推奨販売をやるのだ。そこにこそ自分が歩む道がある。」ということになれば、そのときには、重い体制整備義務を覚悟しなければならないわけです。

　今回の新しい募集ルールが発している4つ目のメッセージは、「比較推奨販売という顧客ニーズに対応するためには、消費者保護の観点から、高いハードルを越えることが必要であり、そのハードルが比較推奨販売を行う乗合代理店に課せられる重い体制整備義務である。」ということです。これからは「信頼と G.N.P」によって保険に加入する顧客は減っていくでしょう。多くの顧客が保険の比較情報を含めて丁寧な説明を代理店に要求するようになります。そのような中で、それにあえてチャレンジするためには、高いハードルを越えなければならないのです。この高いハードルを越えた代理店のみが、比較推奨販売という新しい顧客のニーズに応じる資格を持てるのだ、ということです。先ほど、ほけんの窓口の窪田社長がおっしゃっておられたことは、「高いハードルを越えて、新しい、そして巨大な顧客ニーズに応える」という決意表明だというように、私は受け止めました。そして、それこそが、

比較推奨販売を行う乗合代理店として、製販分離の下で、お客さんに寄り添って保険を提供する新しい代理店の姿、ということになるわけであります。

ただし、比較推奨販売と言いましても、様々な形があると思います。例えば、損保において、自動車、火災については、もう比較推奨販売はやめる、しかしながら、例えば、医療保険だけは比較推奨販売を行うというような選択もあるわけです。医療保険は医療そのものの中身が変わっていきます。今まで入院していたものが通院で済むようになる、そのようなことに伴って保険が変わらざるを得ないということになって、次々に新商品が開発される。そのため、「医療保険や介護保険というような、保険会社ごとに特色が出る保険についてのみ比較推奨販売を行い、それ以外のものについては、原則として比較推奨販売を止める」というような細分化された選択肢もあり得るわけです。保有しているマーケットによって変えるということもあるかもしれません。そのようなことをしっかり検討しながら経営戦略をもう一度練り直す、これをやった後に練り直した経営戦略に応じて「どのような体制整備が必要か」という課題に取り組むことになるわけです。

専属代理店の価値

ところで、比較推奨販売を行わない代理店は顧客のニーズに応えることができないのか、という問題があります。私は、それについては、「決してそうではない」と申し上げたいと思います。地域で真面目に働いている代理店の皆さんが、自分の既存のお客さんの顔を一人一人目に浮かべてみたときに、そのようなお客さんが、決して比較推奨販売を望んでいるというわけではないという事実に気がつかれるはずです。時代が変化しているとは言っても、まだまだ多くの顧客が「あなたを信頼している。あなたに任せて、私に最も合う保険を提供してもらいたい。」と答えると思います。これが、この国に

おける、顧客と真面目に働く代理店との関係だと私は思います。

　問題は、そのような顧客との関係を、地域の代理店が本当に大切にしているかということです。年に１回の更改の際に、電話でそれを済ませてお客さんに会うことがない、そのような状態が続いていれば、お客さんがどんどん離れていくというのは当たり前のことです。代理店として、「自分を信頼しているお客さんをどうすれば大切にできるか」それもまた、経営戦略を練る上で、重要な課題であると認識しなければなりません。そして、それを受けて自分の行動そのものを変えなければならないわけです。

　経営戦略の練り直しの結果、「もう、ここから先、専属で行く」、または、「原則として比較推奨販売を行わない」と決めた場合は、金融庁が言うところの「従来型の保険募集人」として、保険会社との連携の下での体制整備義務でよいわけですから、比較推奨販売を行う乗合代理店と比べて体制整備義務に関する負担は大きく減少することになります。つまり、「従来型の保険募集人である限り、規制に伴うコストは小さくて済む」というように考えればいいわけです。併せて、専属代理店、または、「比較推奨販売を行わない」という選択をした乗合代理店は、そこから先、本当の意味で保険会社との連携をしっかりと行っていくべきです。比較推奨販売を行わずに顧客の信頼を得るためには、真の意味で顧客が納得する保険を提供することが必要になります。そして、保険会社もこれらの代理店に対して、タブレット端末の活用は典型的な例ですが、全面的に支援するための投資を人的にも物的にも促進すべきと思います。

　また、代理店が顧客からなぜ信頼を得ているのかということの一つの背景に、その代理店が属する保険会社のブランド力があることは、誰もが否定できない事実だと思います。自分自身の力はもちろんあるものの、その一方で、自分が属している保険会社のブランド力によって獲得している顧客からの信頼の大きさということについても、いま一度、代理店は経営戦略を練り直す

ときに、その中身をよく吟味しなければならないと思います。

　代理店の経営戦略の練り直しという点を通じて、新しい保険募集ルールは2つのメッセージを発していると言ってよいと思います。その2つのメッセージのうちの1つ目は、比較推奨販売という大きな顧客ニーズに応える新しい道を歩むためには、保険会社に頼ることなく重い体制整備義務を負う覚悟が必要ということです。大きな成長の可能性が広がる一方で、それに伴うハードルは高いということで、まさに比較推奨販売を行う乗合代理店にとっての「夢と現実」を示していると思います。

　メッセージの2つ目は、「1社専属を経営戦略として選択するということには、真の意味での保険会社との連携をベースにすることによって、引き続き色褪せない価値がある」ということです。つまり、規制対応コストを大きく減じることができること、保険会社との連携を一層強固なものにすることで成長する可能性があること、このことによって専属代理店等「従来型の募集人」を選択する経営戦略にも大きな価値が存在するということです。

　あえて言えば、「今まで乗合をしていた。乗合をしているから、比較推奨販売は当たり前だ」という固定観念を捨てて、もう一度、「乗合は乗合のままなのだけれども、例外的なところだけに留め原則は1社に絞る」というような選択をしたときに、これは、決して単なる後退ではなくて、「戦略的な意味での後退なのだ」というように考えるべきであると思っています。

代理店として必要な体制整備

　さて、そのようにして練られた代理店としての新しい経営戦略の下で、どのような体制整備が必要かということであります。新しい保険業法294条の3に具体的な中身が書かれていますが、1番目は「重要な事項の顧客への説明」に伴う体制整備です。これについては、代理店の社長自らが募集すると

いうことがあると思いますから、社長自ら、かつ、フロント、バック・オフィスにかかわらず、募集人として登録している全ての募集人についての教育・管理・指導を徹底しなければなりません。

　顧客情報についても、今までは保険会社にのみ保険業法上の管理責任がありましたが、今回の法改正によって代理店の管理責任も明記されました。外部委託先を使うときの、外部委託先に対する管理責任も、同じく明記されました。何よりも、比較推奨販売を行う乗合代理店の体制整備義務は、非常に重いものがあります。その他、これから先具体的な中身が詰まっていくと思いますが、保険募集人指導事業という形で、フランチャイズの世界についても規制がかかってきます。

　また、今回、金融審の保険ワーキング・グループの議論の中で、初めて「募集関連行為」というものが正面から議論されました。中でも、「紹介行為について、どのように考えるべきなのか」ということが大きな論点になっていくように思います。

　今申しましたようなことが、「やらねばならないこと」ですが、次に、「どのようにやるのか」という課題があります。これについては、「代理店としての規模、特性に応じた体制整備」を原則としながら、監督指針において一定の中身が示されています。また、保険会社からのアドバイスも様々な形で提供されることになるでしょう。

　まずは経営管理体制を固めること、経営方針や経営計画の策定が必要になります。次に、組織体制についての規定を整備し、「組織の中で誰が何をするのか」という指揮命令系統や役割分担を明確化することが必要になります。また、マニュアルについても、コンプライアンス、募集管理、顧客情報管理、苦情等管理、外部委託先管理、内部監査というような項目に関し、それぞれ作成して組織内に徹底することが必要です。また、システム体制についても、顧客の意向把握やそのプロセスの記録のために、もう一度システムの在り方

を見直すということも必要なのではないかと思います。

　そして、体制整備についてはいったん決めた規定をずっとそのままにしておくことは許されません。常に、ＰＤＣＡサイクルを十分に意識した対応が要求されます。このためにも内部監査の重要性は増していくものと思います。

　専属代理店や比較推奨販売を行なわない乗合代理店の場合、この辺りについては保険会社と十分に相談しながら進めていけばよいということになります。一方、比較推奨販売を行う乗合代理店の場合は、独自の募集プロセスを意識しながら自分自身での作業が出てくることになります。

代理店と保険会社の関係の変化

　最後に、「代理店と保険会社の関係の変化」について、いくつかお話をいたします。第一に営業社員の仕事に変化が生じます。代理店のところに出入りしている保険会社の営業社員は、何をしているのでしょうか。特に地域のプロ代理店からは、「最近、顔も見ない。たまに来ても『数字をもっと上げてくれ』ということ以外、何も言わない。」というような批判めいた話を聞くことがよくあります。では、一体何をしているのでしょうか。

　キャンペーンでの成果獲得のために代理店を回る、地域の企業に出入りして自分の会社との取引をお願いする、金融機関に行く、自治体に行く、または、他の会社のプロ代理店のところに行って、「うちの会社に乗り合ってくれ」と頼み込む、それ以外にも、会社で社内的な報告書類を作る、会議に出る、というような仕事でものすごく忙しい状態になっています。

　そのような営業社員の仕事はこれから少しずつ変化していくのではないかと考えています。まず、キャンペーンによる販売に関しては、今後、顧客の意向把握義務が厳格になることで今までのような形ではやりにくくなるでしょう。

また、今やかつてのようにマーケットが大きく拡大することを期待することはできませんから、つまるところ保険会社の営業社員の主戦場は乗合代理店です。乗合代理店を巡って他社と激しく競争しているわけです。しかし、今後は、他社の代理店のところに熱心に通って乗り合ってもらったところで、その代理店が比較推奨販売を行うことを止めた場合は、従来の保険会社を排除する程の乗合でなければ何の意味もありません。このような形で、保険会社の営業社員の仕事の中身に変化が生じます。

　また、保険会社の営業社員にとって、本来、代理店に対する監督は重要な仕事です。しかし、これまでは、代理店を「自分が監督しなければならない対象」として扱うよりも、「自分の人事評価を上げるためのお客様」として扱ってきたはずです。このため、監督という観点では甘い対応しか行われません。行政が保険会社を監督し、保険会社が代理店を監督するといったときに、本質的にはその差はないはずです。しかしながら、保険会社の営業社員に金融庁と同じレベルの監督を期待することはできません。それは、構造的にそのようになっていたということです。

　これから先、営業社員の代理店への監督は大きく変わらなければなりません。代理店の義務が法定されたからです。この義務をしっかり代理店が満たしているかどうかを監督することは、営業社員としての重要な職務になります。つまり、代理店が、意向把握義務、情報提供義務等の義務をしっかり果たさない場合、その代理店は義務違反というリスクにさらされていることになります。それについて、しっかりとした指導をするということは、保険会社の営業社員として代理店を法的リスクから防衛していることになるわけです。

　2014年2月28日以降適用されている金融庁の監督指針において、代理店の監査の中身についての改正がありました。これはまさに、これからの新しい募集ルールをにらんだ代理店に対する監査の仕方の変更というように理解

してよいと思います。

　第二の変化は、代理店の賠償責任です。代理店が意向把握義務、情報提供義務に違反するような行為をしたとき、これからは代理店自身が義務違反を問われることになります。今までは、保険会社にしか保険業法上の義務は存在しませんでした。「保険会社がお願いをして、代理店に自分に代わって保険の説明をしてもらう。だから、当然のことながら、そこで生じた賠償責任については保険会社が引き受ける。だけれども、よほど問題がある、例えば、故意や重過失というようなときには求償します。」というのが、現在の保険業法283条に流れる考え方です。

　ここから先、募集人の義務が法定され、顧客の損害がその義務違反によって生じたものである限り、保険会社は当然に求償します。保険会社と代理店との力関係をベースに、「自分に対して保険会社が求償なんかするはずはない。」というように考える方がおられるかもしれませんが、絶対にそのようなことは許されるものではありません。今や、保険会社は、株主に対する責任を負っています。何らかの判断をするときに、必ずリーガル・オピニオンを取ります。そのときに、「求償すべき債権があるにもかかわらず、それを行わなかった」ということになれば、まさに、リスクとして、経営者は株主代表訴訟のリスクを負うことになります。そうである限り、保険会社は代理店に対し必ず求償するということを、これから先は覚悟しなければなりません。

　それに伴って、代理店賠償責任保険は極めて重要な保険になります。これを運営する日本代協の責任は、とても重いものになると考えなければなりません。現実に、医師賠償責任保険を運営している日本医師会、弁護士賠償責任保険を運営している全国弁護士協同組合等が設けている事故審査会が持つ権威は、長年にわたる歴史の中で培われたものです。そして、そのような事故審査会が打ち出す方針をベースに、高い職能を持つ医師や弁護士の賠償責

任についての基準が作り出されているわけです。

　これから先、この保険を運営する日本代協は、保険代理店の職能に基づく賠償責任の在り方について、本格的に模索しなければなりません。かつ、代理店賠償責任保険が、とんでもない保険料の上げ下げを経験したり、または、保険内容のとんでもない大きな変化が生じたり、というような保険に関する混乱がないように安定的な運営に努めなければなりません。そのような運営を通じて、日本代協はこの代理店賠償責任保険について市場の競争を経た上で権威が認められる運営主体になっていくのだろうと思います。

まとめ

　時間が参りました。最後に、新しい募集ルールが発している５つのメッセージをもう一度繰り返すということで、まとめに代えたいと思います。

　５つのメッセージとは何か。１番目は、「募集人の義務が法律で定められることに伴って、明治以来続いてきた保険の募集の形が根本から変わる」ということです。２番目は、「比較推奨販売を行う乗合代理店への規制が本格的に始まる」ということで、これは、乗合代理店の法的な位置づけが、法律上、初めて明確化されるということでもあります。３番目は、「乗合代理店のうち比較推奨販売を行う乗合代理店は、少なくとも論理的には行政の監督下に置かれるべき存在」ということであります。４番目は、「比較推奨販売という顧客ニーズに対応するためには高いハードルを越えることが必要であり、そのハードルが比較推奨販売を行う乗合代理店に課せられる重い体制整備義務」ということです。そして５番目が、「１社専属を経営戦略として選択するということには、真の意味での保険会社との連携をベースにすることによって引き続き色褪せない価値がある」ということです。

　この５つが、今回の新しい募集ルールが、発しているメッセージだと理解

するべきではないかというように考えております。
　これで私の話を終わらせていただきます。ご清聴ありがとうございました。

　（本稿は 2014 年 9 月 26 日のシンポジウムの基調講演に加筆したものです。）

第二部

保険募集の課題と展望

保険「募集」概念の再検証と
新たな保険契約者保護規制のあり方

大塚　英明

1．はじめに

　平成26年の保険業法の改正よりこの間、政令・内閣府令または「保険会社向けの総合的な監督指針」（以下、監督指針という）の整備が行われ、いよいよ新しい保険契約者保護規制が実施されるはこびとなった。保険業法の目的は、その1条に明示されているとおり、「保険募集の公正を確保することにより、保険契約者等の保護を図る」ことにある。すなわち、保険契約における契約者保護規制は、もっぱら「保険募集」の適正維持によって達成すべきものとされている。だとすれば、そもそもこの保険募集という概念を明確にしないことには、規制の全体像を俯瞰することはできない。業法2条26項によれば、「この法律において『保険募集』とは、保険契約の締結の代理又は媒介を行うことをいう」。平成26年の改正では業法1条および2条26項のいずれもその対象とはされていない。しかし、この業法改正に伴い、

これらの業法条文を受けて実質的に[1]保険募集概念を詳細に枠づける役割を担う監督指針Ⅱ-4-2-1が大幅に改正された[2]。ただ、監督指針規定の改正は、決して、従来の募集概念をドラスティックに変容させるようなものではない。むしろそれは、伝統的な保険募集概念をより明確に定義づけようとする方向性をもつものにすぎない。とはいえ、新たな規制の実施を契機に、あらためて保険募集概念にまで遡る再検証を行うことは、あながち無為な作業ではない。新たな規制理念において、果たして伝統的な保険募集概念が十全な耐久力を持つかどうか確かめる必要があるからである。

　これまで保険募集概念については、その境界的な場面が論議の対象とされることが圧倒的に多かった[3]。逆に言えば、保険契約の「締結の代理または媒介」というコア部分は所与のものと理解され、契約者保護がこれをベースとした「募集行為」の規制において実現されるべきことについては、なんらの疑問も呈されてこなかった。確かに、保険契約者の利益が害される場面が、

---

[1] 旧監督指針Ⅱ-4-2-1は、実務上、募集人としての「登録・届出の要否」という資格性の視点から捉えられてきた（例えば、滝本豊水＝山本啓太・西村あさひ法律事務所「金融ニューズレター」2009年11月号等を参照）。しかし、そもそも登録の目的は募集規制の行為主体を確定することにある。そしてこの主体を確定するために保険募集が定義されている以上、監督指針のこの部分は、まさに規制全体の出発点をなすといってよい。だからこそ、新監督指針は、登録・届出のタイトルを排し、Ⅱ-4-2-1(1)に「保険募集の意義」というより直接的なタイトルを冠した。

[2] 保険商品・サービスのあり方に関するワーキング・グループ「新しい保険商品・サービス及び募集ルールのあり方について」（報告書、平成25年6月7日）中の2-4-1「募集規制の適用範囲の再整理・明確化」（同報告書22頁以降）に応じた改正である。

[3] 旧監督指針Ⅱ-4-2-1②（注）では、「(ア)保険募集人の指示を受けて行う、商品案内チラシの単なる配布、(イ)コールセンターのオペレーターが行う、事務的な連絡の受付や事務手続き等についての説明、および(ウ)金融商品説明会における、一般的な保険商品の仕組み、活用法等についての説明」は登録を要しない行為とされていた。ところが、こうした画一的処理を疑問視する立場が勝り、本文で後述するように、新監督指針Ⅱ-4-2-1①および②のような、「保険募集の意義」に関する規定が新設された経緯がある。

すべからく契約の締結の代理または媒介の際に生じているのであれば、そこを規制することが必要にして十分な対処となるはずである。しかしながら、近年、厳密な意味での契約の締結の代理または媒介から外れる局面でも、保険契約について保険契約者が重大な不利益を被る危険性が認識されるようになってきた。その点からすると、契約の締結の代理または媒介というベース概念そのものに対して、アンチとまではいかないまでもある種の「対比的」なテーゼを並べてみることは、保険契約者保護規制のより有意義な展開を導くことにつながると思われる。

そこで本稿では、損害保険契約の募集人として主流を占める保険代理店を例にとり、「代理店が業務として行う行為」から、契約者保護が要請される「別の」局面を抽出し、契約の締結の代理または媒介という伝統的な規制枠との対比を試みたい。その上で、今次改正による新たな保険契約者保護規制の中で、それがどのように位置づけられるのかという点についても、若干の考察を加えることとしたい。

2．監督指針における「保険募集」の概念

新監督指針は、Ⅱ-4-2-1 を「適正な保険募集管理態勢の確立」と題し、その(1)としてストレートに「保険募集の意義」という条文を新設した。ただ、そこに列挙されている基本的な 4 類型については、旧監督指針のⅡ-4-2-1(1)で「保険募集人の採用・委託・登録・届出」という表題の下、届出・登録対象行為として列挙されていたものがそのままの形で継承されている。すなわち、「保険契約の締結の勧誘」（新監督指針Ⅱ-4-2-1(1)①ア）、そしてこの勧誘を目的とした「保険商品の内容説明」（同①イ）が上位に規定され、条文の並

び順を意識すれば、次位に「保険契約の申込の受領」（同①ウ）[4]、さらに最後尾に「その他の保険契約の締結の代理又は媒介」行為が置かれた（同①エ）。エにいう締約の代理・媒介は、先行するアないしウを除いた「その他」の募集業務、すなわちキャッチオールクローズ的な意味あいを持つことからして、条文体裁のみならず、概念定義の上でも悪く言えばア～ウより雑な扱いを受けてきたことがわかる。

　旧監督指針は、上記アからエの全ての項目にかからしめて、「一連の行為の中で当該行為の位置付けを踏まえたうえで、総合的に判断する必要がある」と注意書きを設けていた。もっとも、アないしウがある程度の具体性を持つ行為概念であることからすれば、実質的には、キャッチオールクローズとして抽象性を免れないエこそ、この注意書きにいう「総合的判断」によって外郭を画すべき主対象であった。新監督指針は注意書きをⅡ-4-2-1(1)の②項として昇格させた上でその点を自認し、「エ、に該当するか否かについて」総合的判断を行うべき旨を明言する。加えて、新監督指針はより積極的な姿勢を明確にした。すなわち、「以下のア、及びイ、要件に照らして」と付記し、総合的判断を行う際の基本的な二つの前提要素を敢えて列挙した。一つは、「報酬を受け取る場合」または「資本関係等を有する場合」など、「募集人が行う募集行為と一体性・連続性を推測させる事情」があること（Ⅱ-4-2-1(1)②ア）、およびもう一つは「具体的な保険商品の推奨・説明を行う」こと（同②イ）である[5]。

---

[4] 申込の受領が募集に含まれたのは、当初は「一連の」募集行為過程の終点を意識してのものであったと思われる。しかし、契約内容の契約者意向との一致が意識されるにつれ、申込受領時における「意向確認」が大きなウェイトを占めるようになった。その意味で、これが独立して規定されていることに現在では十分な理念的な意義があるといえる。

[5] 山下徹哉「保険募集に係る業法規制について－平成26年保険業法改正を中心に－」生命保険論集193号74-77頁（生命保険文化センター、2015年）参照。

実は、この二つの前提要素はWG報告書の段階から「かつ」で結ばれていた経緯があり[6]、新監督指針の解釈としても両者に該当する場合に限り「募集」に該当すると捉えられている。後者の「保険商品の推奨・説明」は行為として極めて具体的であるため、たとえアの「募集人が行う募集行為と一体性・連続性」が推測され、それによって募集行為の外郭を広げて解釈できたとしても、結局のところはイの「保険商品の推奨・説明」に近い行為以外はふるい落とされることになる。とはいえ、たとえそうだとしても、まず、募集行為としての一体性・連続性という外枠（ア）の中で、次に保険商品の推奨・説明（イ）というさらなる限定枠を考察するという順序を踏まなければならないことは確かである。その意味でⅡ-4-2-1(1)②アは、たとえイ要素が絡んだとしても募集概念を明確化しようとする際の重要な手がかりとしての意義を失うものではない。

3．「報酬を受け取る場合」の考察－損害保険代理店委託契約－

確かに、新監督指針Ⅱ-4-2-1(1)②のアは、「総合的判断」を促す要因としては、必ずしも抽象性を完全に払拭しきれているわけではない。つまり、監督指針の①エ「その他保険契約の締結の代理又は媒介」への該当性の判断を縛る基準の一つとして、単独で決定的効果を持つかどうかには依然疑問が残るかもしれない。しかし、その文言の中でも解りやすいものの一つとして、「報酬を受け取る場合」という要因があげられている。ふつう損害保険募集においては、損害保険代理店が保険会社との間で有償の「損害保険代理店委託契約」を締結する。したがって、代理店を介した募集体制を支える委託契約は、「報酬」の点から上述の該当性の判断にあたって大きな考慮要因とすること

---

[6] 前掲注(2)WG報告書23頁。

ができるはずである。

　この代理店委託契約は、「監督行政の徹底と会社としての統一的管理を行う必要」[7]に目を向ければ、それぞれの代理店ごとに内容が異なるのは望ましくない。すでに昭和40年4月、損保会社サイドは全社統一の委託契約のフォームを作成し、一応のところ委託契約を標準化していた。これに対し昭和52年6月、「全国損害保険代理業協会連合会（全代連）」（当時）が、代理店の側からこのフォームに対する改訂提案を損害保険協会に提示し（第一次提案）、その後損保会社側（損保協会）と代理店側（全代連から日本損害保険代理業協会（日本代協）に引き継ぎ）で委託契約の重要事項について繰り返し協議がもたれるようになった。その過程で、損保協会の委託契約に対する「基本的見解」が漸次明確に示されるにいたる。日本代協は昭和58年1月に、この損保協会見解をたたき台に、委託契約の期限および解除、委託契約の紛争処理機関の設置、ならびに費用の会社負担文言の追加など、委託契約書の具体的条文改正項目を列挙するとともに、いわゆる満期表所有権などの理論的問題の継続的な協議を求めて、「第二次改定案」を損保協会に提示した。

　これに対して損保協会は同年2月、ただちに日本代協の第二次改定案に「回答」したが、代理店サイドはこれを「改定案そのものについては、ほぼ完敗と言える回答に加えて、委託契約書の改悪提案とも思える逆提案すら盛られ」[8]たものであると酷評した。その結果、委託契約をめぐる交渉・協議においては、損保協会と日本代協の間に大きな溝が生じてしまい、両者の見解の隔たりはその後長らく委託契約書見直しの機運を減退させることになった[9]。

---

[7] 梶原良平「『損害保険代理店委託契約書』の変遷について」大塚英明＝東京損害保険代理業協会法制委員会『損害保険代理店委託契約書コンメンタール（下）』13頁（保険教育出版、2005年）。
[8] 梶原・前掲注（7）コンメンタール（下）16頁。
[9] この経緯について、梶原・前掲注(7)コンメンタール（下）11~19頁。

そしてようやく平成8年3月、損保協会は膠着した状況を改善するために、改正保険業法の施行に合わせるタイミングで「新標準委託契約書案」を発表した。この間の水面下の交渉を反映し、これは日本代協の第二次提案に多少の譲歩を見せるものではあったが、この後も現在にいたるまで、委託契約の主要な規定のあり方について損保会社と代理店の鋭い対立は続いたままである。損保協会はこの新標準委託契約書案に一つの「基準」としての意味合いしか持たせず、各社がそれを実際の現場に適合するようにアレンジすることを想定していた[10]。ところが、この新標準委託契約書案が公表された後もしばらくは各社ともその文言を原案どおり委託契約の内容とし、アレンジは最小限度にとどめていた。したがって平成8年以前はもちろんのこと、同年の新標準委託契約書の文案も、やはり実質的には業界標準の統一フォームとして認識されることが多かった。そのため損保業界・代理店業界ともに「ひな型」と呼ぶ場合、この平成8年の損保協会案を指すことが多い。

実際に各社が特徴的なアレンジを積極的に行うようになったのは、代理店の種別（特級代理店等）等の業界基準が廃止され、代理店の選定・評価が完全に各保険会社マターとされるようになった平成13年4月のことである。このおり、代理店手数料体系の大幅な変更と併せて、損保各社は委託契約書の文言にも改訂を加え、その後現在にいたるまで、各社の代理店委託契約にはバリエーションがある。

ただ、損害保険代理店は独立した代理商として、長年にわたり自身の営業基盤を積み上げてきていることが多い。それに伴い代理店は、代申会社をはじめ各保険会社との間の継続的な委託契約関係を形成している。したがって、委託契約が急激に変化することは損保会社と代理店との信頼関係を破壊することにもなりかねない。そのため、委託契約における本質的要素は、平成13

---

[10] 梶原・前掲注(7)コンメンタール（下）20頁。

年の改訂によって各社ともそれほど大きく変更されてはいない。

4．委託契約書上の「委託業務」

　損害保険代理店委託契約は基本的に「委任」契約であり、損害保険会社が代理店に委ねるべき「委託業務」の内容は、同契約における最も基本的な概念規定の一つである。現行の委託契約書では例えば次のような明文の規定を置く。
　「第〇条　当社は、代理店に次の各号に掲げる業務（以下「委託業務」という。）を委託し、代理店はこれを受託する。…
(1) 保険契約の締結の代理または媒介。ただし、契約の媒介については、当社が特に指示した場合に限る。
(2) 保険契約の変更・解除等（クーリングオフを除く）の申し出に対する受付の代理…
(3) 保険料の領収または返還、および領収した保険料の保管、清算
(4) 保険証券…の交付ならびに保険料領収証の発行、交付および返還保険料領収証の受領
(5) 保険の対象の調査
(6) 保険契約の維持・管理（満期管理、満期返れい金、契約者配当金、満期払いもどし金等の支払に関し、当社が特に指示した業務等も含む。）
(7) 保険契約の報告
(8) 保険事故発生時の事故状況の確認、当社への通知、保険金請求手続きの援助、保険契約者等に対する事故対応の進展状況の説明その他円滑な損害調査への援助
(9) 保険事故の保険金算定業務。ただし、当社が別に定める条件に適合した代理店に限る。

(10) 前各号の業務に関連して当社が特に指示した事項」[11]

　委託業務の冒頭には「保険契約の代理または媒介」が置かれている。ただし、委託契約上これが(2)以降に置かれた各種の具体的業務と並列的に位置づけられているわけではない。平成8年のひな型における委託業務条項においては、「代理店は、委託された保険種目につき、次の業務…を行う」という1項柱書の下に、1号として「(1)　会社を代理して行う保険契約の締結およびこれに付随する下記の業務」と規定されていた。その上で、この1号「契約の締結の代理」に「付随する」業務として、上掲の(2)変更・解除の受付、(3)保険料の領収・返還、(4)保険証券の交付・保険料領収証の発行・交付、(5)目的の調査、および(6)保険契約の維持・管理が、イ～ホとして列挙されていた。したがって委託業務の包括的概念はあくまで「契約の締結の代理」であり、そこに含まれる各種「付随業務」が個別に例示されているという概念構造がとられていたわけである[12]。そしてその基本認識は、現在の委託契約書においても変わってはおらず、(1)号の契約の締結の代理は、(2)号ないし(10)号の上位概念として解釈しなければならない。

　前述したとおり、新監督指針でもⅡ-4-2-1(1)①のエは、アないしウを含めた包括概念である。したがって、これを冒頭に置くかキャッチオールクローズとして最後に配するかという違いがあるとはいえ、監督指針と委託契約の募集業務概念は基本認識において相違するものではない。

---

[11] 損保ジャパン日本興亜社・損害保険代理店委託契約書による（同4条）。
[12] 大塚英明＝東京損害保険代理業協会法制委員会『損害保険代理店委託契約書コンメンタール（上）』13頁（保険教育出版、2001年）。

5．委託契約上の委託業務の第一義的意義

（1）保険会社・代理店間の問題としての付随業務

　もっとも、委託契約書はあくまで保険会社が代理店と締結する委任契約の内容を明文化したものにすぎない。したがって保険契約者は、原則としてはこの委託契約の埒外に置かれる。上掲の委託業務についてもそうした捉え方を徹底しようとすれば、これら諸業務をただちに監督指針の列挙行為と対比することは適切ではあるまい。

　例えば近年、「保険契約の報告」（上掲(7)号）という業務は、保険会社と代理店の間では予期せぬあつれきを生じさせている。かつてこの業務は、代理店が締約にいたった契約について、各種の領収証等を添付して契約情報を保険会社に申告することを指すものにすぎなかった。本来代理店に求められるのはこの行程までである。そして、保険会社は代理店からの「報告に基づき、すみやかに計上を行う」[13]。計上とは、保険会社が経理規定等に基づき、保険契約の締結または変更について会社の保険料会計の計算に算入する手続きをいう。つまり会社が契約内容を自社においてブッキング（原簿記入）するという意味を持つ。ところが、現状では代理店のほとんどは、ネット等で会社と直接接続できる端末機器を使用している。そのため端末入力された契約内容がそのまま会社にブッキングされる、すなわち代理店の入力＝計上となる可能性が生まれる。これにより会社が本来の計上業務の省力化を図ることができたとすれば、その分の業務負担は、代理店の側に転嫁されたことになる[14]。

　しかし、ここから生じるのは、このシフト分の「報酬」が代理店手数料の

---

[13] 前掲注(11)損保ジャパン日本興亜社委託契約書10条2項。
[14] 前掲注(12)コンメンタール（上）26~27頁。

中に含まれるか否かという、保険会社・代理店間の利害調整問題にとどまる[15]。この報告ないし計上という行為の過程では、よほど例外的な事情でもない限り、そもそも「保険募集」という視点からの契約者保護の要請が生じてこない。したがって委託業務としての「報告」は、新監督指針が「保険募集の意義」として画そうとする行為の範囲とは、本質的にオーバーラップすることはない。

（2）業務省力化・合理化のメリット－保険料関連業務－

これに見られるように、代理店委託契約書に定められた各種の「付随業務」は、第一義的には保険会社と代理店の間の利害という視点からこれらを考察する必要がある。すなわち、報酬（代理店手数料）を支払って代理店に業務を委託する以上、代理店委託契約のメリットを享受すべき主体は、当然のことながら委任者である保険会社である。そのメリットは、代理店に上掲の各種業務を付託することによって、なによりも自社業務の省力化・合理化を図ることにあるといえよう。

「保険料の領収または返還、および領収した保険料の保管、清算」（上掲(3)号）と「保険契約の変更・解除等…の申し出に対する受付」（同(2)号）は、保険会社が代理店を介して達成しようとする業務合理化を最も良く示す例である。もちろん法的な意味でいっても、代理店には保険料受領代理権が備わる。したがって顧客とフロントラインで接する代理店は、この権限に基づき保険会社を代理して保険料を収受することができる。また、締約代理権に基づき、代理店は契約者の変更・解除の意思表示を会社に替わって受けることも可能である。しかし、委託契約書に規定されたこれら各号の意味は、決し

---

[15] 大塚英明「代理店の業務と『費用』・『報酬』の関係」前掲注(7)コンメンタール（下）26~27頁。

て、法的権限の単なる確認にとどまるものではない。

　これらの委託業務には、それよりも実務的な価値が大きいことに注意しなければならない。代理店は「領収した保険料を自己の財産と明確に区分し、保管する」[16]義務を負い、保険料を「善良な管理者としての注意義務をもって保管しなければならず、譲渡・質入・その他担保権の設定を行ったり、他に流用したりしてはならない」[17]。この区分保管を万全にするため、代理店には「保険料専用口座」の開設が要請される[18]。代理店は、この口座の保険料積算額から「代理店手数料を控除した残額を」保険会社に対して「清算」[19]する。このことから、顧客からの保険料払い込みが銀行口座振替に大きく移行した現在でも、報酬である代理店手数料の確保を容易にするためには、保険料専用口座の設置が代理店にとって大きな意味を持つ。

　こうした実務の結果、代理店が扱う多数の契約から集められた保険料は、上記の「清算」のときまで専用口座にプールされる。保険会社の「計上月の翌月末日」[20]が清算期限とされるのがふつうであり、そのため契約によっては締結より一月以上この口座に保険料がとどまることもある。この間、代理店が扱う多くの契約群の中に、様々な環境の変動が起こるのは決して珍しいことではない。家計保険の代表例である自動車保険をとりあげてみても、廃車などにより契約を存続させる必要がなくなったり、あるいはその後の新車購入（入替）により契約内容を変更する必要が生じることは、日常的な状況変化である。なによりも重要なのは、こうした契約の解除または契約内容の変更にともなって、保険料の追徴または返還の必要が生じる点である。

---

[16] 前掲注(11)損保ジャパン日本興亜社委託契約書 12 条 2 項。
[17] 前掲注(11)損保ジャパン日本興亜社委託契約書 12 条 3 項。
[18] 前掲注(11)損保ジャパン日本興亜社委託契約書 13 条。
[19] 前掲注(11)損保ジャパン日本興亜社委託契約書 16 条。
[20] 前掲注(11)損保ジャパン日本興亜社委託契約書 16 条 2 項。

そこで会社は、個々の契約の変更・解除にともなう保険料払戻処理が必要となった際は、代理店専用口座に保険料が保管されている間に、代理店にこの口座から保険料の出納を行ってもらう方が便宜である[21]。保険会社が個々の契約について、解除・変更のたびにいったん収受した保険料を再計算のうえまた払い戻すという処理をしていたのでは、会社は煩雑な業務を強いられる。それよりも、代理店が扱う契約群を一体として捉え、清算までの一定期間内はそこに属する契約の保険料を代理店保管の保険料総額の中で相互融通し合う方が簡便であろう。これにより保険会社は、代理店単位の契約群について、解約・変更にともなう保険料精算を終えたうえで所定期日に保険料総額を会社に「計上」させ、会社の実際の出納を極力簡素化することができるようになる[22]。

それに応じて代理店は、それぞれの契約解除・変更に応じて「保険料領収証の発行、交付および返還保険料領収証の受領」（上掲(4)号）を行う。個々の保険料追徴・返還を行う代理店がそのつどこれらの証明を交付・受領する方が契約者の状況変化に即した対処が可能である。加えて、保険料領収証を例にとれば、連番の付された領収証冊子（一件ごとに数枚の綴りとなっている）を会社が予め代理店に交付しておく。代理店は、この冊子を使い切ったときに会社用の綴り枚を残した保険料領収証冊子を返納する。これにより、代理店は契約者の環境変化等に即応できるとともに、会社は代理店ごとの契約群を適正に掌握することができるようになる[23]。

以上のように、一連の保険料にかかわる各種委託業務は、保険会社と代理

---

[21] 前掲注(11)損保ジャパン日本興亜社委託契約書13条8項では「代理店は、次の各号に定める場合を除き、保険料専用口座に保管された保険料について払い戻しをしてはならない」とされ、この除外項目として「保険契約者に対して保険料を返還する場合」があげられている。

[22] 前掲注(12)コンメンタール（上）14~15、43頁。

[23] 前掲注(12)コンメンタール（上）15頁。

店との間の業務分掌を最も合理的な形で委託契約書に反映させたものということができる。

（3）その他の会社業務省力化・合理化

さらに、保険料処理系には属しない委託業務もまた、第一義的には保険会社の業務の合理化・省力化という視点から捉えることが適切である。

「保険の対象の調査」（上掲(5)号）は、平成8年のひな型以前から委託契約に盛り込まれていた典型的な代理店業務の一つである。確かに、正確な保険価額を個別に算定することを要するような契約については、保険会社がこれに直接的に関与しなければならないこともあろう。しかし、家計保険では、保険の目的が、車種・年式（自動車）、構造等級（家屋）、あるいは保険料の割増・割引に該当する用法的特徴等の諸点で、パターン化されていることが多い。代理店は、その取扱う保険種目の内容に精通しており、目的のパターンの意味をもよく理解しているはずである。したがって、代理店の役割を、目的の存否確認のような単純作業にとどめてしまうことは非効率であろう。そこで、個々の契約の目的を適切なパターンに当てはめ、保険契約の基本設計を画するところまでを代理店に委ねるのが、本号の意図である[24]。

このように代理店が保険実務にある程度精通した代理商であるという事実は、「保険事故の保険金算定業務」（上掲(9)号）において、保険会社をある意味でジレンマに陥らせた。原則として代理店は、「保険事故が発生した場合において、当会社のてん補責任の有無およびその額について…何人に対しても意見を述べてはならない」[25]。保険金支払責任は保険会社のみに帰属し、会社には属しない独立した代理商である代理店はこの支払義務とは無関係な

---

[24] 前掲注(12)コンメンタール（上）16頁。
[25] 前掲注(11)損保ジャパン日本興亜社委託契約書18条。

はずである。ところが、保険契約者は代理店と直接に交渉を行う過程でその各種代理権に接し、そこから代理店に広範な裁量権が備わると誤解することが多い。「保険金が出るかどうか、いくら出るか」は、保険契約者・被保険者の最大の関心事である。事故の際に代理店がその判断を行うことができると信じた契約者は、代理店の発言を言質にとってしまいかねない。そこで保険会社の最終判断と齟齬を来さないために、代理店には保険金についての意見表明が禁止されるのである[26]。

　ところが、代理店はその業務上、事故現場に臨場する経験が極めて多い。損傷した目的物を最も多く見ているのは代理店だということさえできよう。一方保険会社は、損害の査定・鑑定業務をいわゆるアジャスターに委託することも多い。だとすれば、一定程度の損害の簡易査定・鑑定については、代理店にその業務を付託する方が省力化を図ることができる。(9)号の保険金算定業務はこれを体現した、意見表明の禁止規定に対する例外的措置である。

　これらのように代理店の精通度や経験値を期待した委託業務は、まさに保険会社の業務合理化という側面を色濃く反映している。

6．委託契約上の委託業務の第二義的意義

（1）代理店・保険契約者関係の考慮－保険契約の維持・管理－

　しかしながら、委託業務の検討において、保険契約者との関係をまったく無視することはむしろ不自然であろう。代理店に本来求められる中核的役割は、あくまで「保険契約の締結の代理」（上掲(1)号）である。これに「付随」する業務は、個々には契約者との直接的接触・交渉が予定されていないとしても、保険契約の締結と円滑な履行という視点から列挙されているはずであ

---

[26] 前掲注(12)コンメンタール（上）67~68頁。

る。したがって第二義的には、これら委託業務は、保険契約の成立により形成される保険契約者との間の法的・事実的関係を前提として考察する必要がある。

そうした見方を端的に裏付けるのは、「保険契約の維持・管理」（上掲(6)号）である。この業務は、もともと代理店の自立性を促す目的で平成８年のひな型に挿入された経緯がある。かつては、兼業代理店（修理工場やディーラー）はもとより専業代理店の中でさえ、募集に保険会社の従業員を同行させたり、保険料収受等の手続きを代行させるものが多かった。このような独立性の乏しい代理店は、いうまでもなく獲得した保険契約を放置したままに置く。そこで、主な家計保険が通常１年ごとの更新に服するという損害保険契約の特性に着目し、契約の事後的管理というアフターケアを徹底させることで、締結過程から始まる一連の過程全体に代理店の真剣かつ誠実な関与を徹底しようとした[27]。

このことからすれば、確かに契約の維持・管理もやはり、第一義的には保険会社と代理店間の業務配分とその適性に由来する項目である。しかしながら、契約の維持・管理を万全にしようとすれば、おのずと保険契約者とのコンタクトを密にする必要が高まる。そのため第二義的には、本来代理店の自立と自覚を促すためであったこの委託業務は、代理店による保険契約者の「ケア」という方向に拡張して考察されるようになった。「保険事故発生時の事故状況の確認、当社への通知、保険金請求手続きの援助、保険契約者等に対する事故対応の進展状況の説明その他円滑な損害調査への援助」（上掲(8)号）は、まさにそうした保険契約者サービスの拡張を示すものであろう。

そしてこのような「援助」に代理店が努力をつぎ込めばつぎ込むほど、保険契約者は代理店に対する依存度を強める。「保険に関しては代理店に任せ

---

[27] 前掲注(12)コンメンタール（上）16~17頁。

ておけばよい」という風潮が生まれると、契約者自身はいったん締結した保険契約の内容に対する関心を失うにいたる。それに反比例して、代理店による契約の事実的な「維持・管理」が法的にも大きな意味を持つようになる。

（2）代理店・保険契約者間の特殊な関係の形成－判例に見る信義則的関係－

　契約の維持・管理の法的評価は、いくつかの判例でも言及されている。例えば、松山地裁平成8年8月22日判決[28]の事案では、乗合代理店Yが保険契約者Xの店舗総合保険等を、B損害保険会社からA損害保険会社に「付け替え」ようとした。いくつかの契約の付け替えに成功したが、残りの3契約（6000万円の店総・保険料17万2130円、2500万円の店総・保険料43500円、および4800万円の利益保険・保険料48480円、いずれも満期が同日）についてA保険会社が引受を拒絶する。これらの満期が徒過した約1ヶ月の後、目的である工場で火災が発生した。「…Yは…新たな保険料が従前と同額であることを通知していた〔ため〕、Xは…保険料合計金…を小切手で用意していたが、Yが集金に来ることも」なかった。その間Yは、「本件保険を引き受けてくれる他の保険会社を探していたが、本件火災が発生するまで無保険の状態になっていることをXに連絡しなかった」。そうした状態に置かれた契約者と代理店の関係について、判決は次のように分析する。

　「YにはXの本件保険継続の利益を保護するために、Xに対し、A火災が保険契約の締結を拒否していることや他の保険会社との間でも新たな保険契約の締結ができていないことを伝えるべき信義則上の義務があると認める

---

[28] 松山地裁今治支部平成8年8月22日判決・保険毎日新聞（代理店版）平成9年4月14日号。山野嘉朗「保険代理店の責任」平山高明先生古稀記念論集『損害賠償法と責任保険の理論と実務』284頁（信山社、2005年）、田爪浩信「損害保険代理店の満期管理に関する法的責任」損害保険研究67巻2号107頁（損害保険事業総合研究所、2005年）、山下典孝「満期管理に関する法的責任」損保ジャパン『ほうむ』49号43頁（2003年）。

のが相当であるところ、これに違反した過失があり、本件火災によってXに生じた損害を賠償する責任があるものというべきである」。判決によれば、このYの通知義務は、「両者の個別具体的な事情に基づく信義則上の義務であって、保険契約に関する一般的な義務」ではないとされる。

さらに前橋地裁平成8年9月5日判決[29]の事案では、専属専業代理店Yは、契約者Xとの間で積立ファミリー保険、自動車保険、火災保険、あるいは店舗総合保険等7件の契約を長らく継続していた。YはXの妻Aと個人的に旧知の間柄であったため、各種契約の交渉・相談は実質的にYとAとの間で行われてきた。ところがAは自動車事故を起こした際、その処理でYとトラブルとなったため、Yに対して相当の不信感を抱くようになる。こうした状況の下、店総契約について日頃からAが資材置き場にすぎない倉庫に高い保険料を支払うことにつき不満をもらしていたこともあり、店総契約の満期が到来するにもかかわらず、Yは十分な意思確認をせず「更改の意思なし」と判断し、店総契約を更改しなかった。ところが徒過した満期の3ヶ月半後、目的の倉庫が全焼してしまう。

前橋地裁は、松山地裁の「付け替えトラブル」のケースと比べより普遍的な「更改トラブル」を扱うことになったが、ここでも同様に信義則上の義務を導き出す。

「日ごろ契約者と身近に接し、各種保険の手続きを代行したり、保険料を徴収等の事務を担っている保険代理店としては、単に保険契約の満期前に形式的に契約更新の時期にあることを通知するだけでは足りず…信義則上、契約更新の意思の有無を確認するべき義務を有している」。

---

[29] 前橋地裁高崎支部平成8年9月7日・保険毎日新聞（代理店版）平成8年12月9日号。山野嘉朗「損害保険代理店の義務・責任と賠償責任保険」愛知学院大学論叢41巻4号43頁（2000)、山野・前掲注(28)287頁、山下・前掲注(28)44頁、田爪・前掲注(28)98頁。

この判決では、代理店が契約者に対して提供するサービスの一環として、「保険料の徴収」が明示されている。つまり、保険契約者との「密接な接触」に由来する代理店の「責任」は、委託業務のうち前述したような保険料処理系の各種行為からも導かれることになる。実はこれら二つの判決に先立って、東京地裁平成6年3月11日判決[30]は、この保険料の徴収を重要な判断材料に挙げていた。この事案では、乗合ディーラー代理店Yが、保険契約者X社の自動車保険の付け替えに際して保険料を収受しなかったため、前契約が満期を迎えても新契約が発効しなかった。その間に車両全損事故が発生してしまったというものである。東京地裁もやはり、次のように「信義則」を持ち出している。

　「…Yは、本件車両に関する諸手続は、これまでYから〔車両の実際の使用者であるX社の専務〕方に社員を派遣し、又は請求書等を送付して行ってきており、他方、XもYが右のような取扱をしてくれるものと期待していたというべきであり」、「Yが、Xの前記のような期待を保護し、本件契約を実効あるものとするために、少なくとも〔専務〕に対して本件契約の保険料の額、支払い方法並びに支払期限及び支払期限を徒過した場合の…処置を伝えるべき保護義務を負っていたと考えるのが、信義則に適うと考えられる」。

　ここに見られるように、契約締結「後」の代理店・契約者間の事情は、必ずしも、当初から契約者への事後的ケアを重視した委託業務（上掲(6)号や(8)号）だけから生じるものとは限らない。前橋地裁判決や東京地裁判決の指摘するとおり、保険料処理系の委託業務もまた、前述した第二義的な意味、す

---

[30] 東京地裁平成6年3月11日判決・判時1509号139頁。出口正義・損害保険研究58巻2号227頁（損害保険事業総合研究所、1996年）（判批）、行澤一人・損害保険判例百選〔第二版〕40頁（有斐閣、1996年）（判批）、山野・前掲注(29)41頁、山野・前掲注(28)283頁、木下孝治「保険料の不払と保険会社による保険免責の主張の可否」損保ジャパン『ほうむ』49号69頁（2003年）、田爪・前掲注(28)107頁。

なわち保険契約者との間の法的・事実的関係の形成という側面を色濃く反映することがある。しかも、東京地裁判決はこのように形成された事実関係が、保険料の持参債務性さえ覆すほど強力な効果を生じさせるという。その意味で、代理店がその委託業務を遂行する過程で形成した保険契約者との環境は、法的にも無視できないものであるということができよう。

7．「保険募集」概念と信義則事案

（1）283条にいう「保険募集について」
　もっとも、保険契約者保護の要請が求められたとはいえ、これらの判決はそれぞれの事案で代理店の「募集」があったとは認めていない。これらの事案では、契約者は保険会社に対しても保険業法283条の責任を追求しようとした。同条によれば、所属保険会社は「保険募集人が保険募集について保険契約者に加えた損害」を賠償する責に任ずる。ここにいう「募集」概念は、保険業法を根底に置く規制体系の中で統一的に捉えなければならない以上、監督指針の「募集」と同一と解さなければならない。
　所属保険会社への同条責任について、裁判所はこれを否定する理由として募集への非該当性を強調した。3判決中、東京地裁はこの点を「〔代理店〕の義務違反行為は保険契約締結後に生じたものであって、募集行為とはいえないし…〔保険契約者〕及び〔代理店〕の間の具体的な事情のもとで発生した信義則上の義務違反であるから、これを募集と密接な関連のある行為とすることもできない」と最も明確に指摘している。
　「募集」概念については、従来から「保険契約の締結の代理または媒介」をあまりに厳格に画することを嫌い、「これと密接な関係のある保険契約の締結の勧誘や間接的媒介行為（たとえば契約見込客を捜し、申込みの誘因が

できるような状態とする行為）をも含む」[31]という解釈が一般的であった。「保険契約の締結の代理または媒介」という語は、概念定義としてはあまりに法的な表現に過ぎ、直ちに具体的な行為類型と結びつくものではない。それゆえにこそ、とくに保険業法283条の所属保険会社の責任の関係において、募集概念を広く解釈することにより保険契約者への賠償を充実することが志向されたのである。旧監督指針の時代から「保険契約の締結の勧誘」または「勧誘を目的とした保険商品の説明」が明示列挙されてきたのは、この多少緩和された募集概念規定を受けたものである。そして上掲の判例は、このような伝統的な「緩和」解釈の下でも、代理店の信義則義務違反を募集の土俵に乗せなかった。

　ところで、新監督指針は「その他保険契約の締結の代理又は媒介」（①エ）への該当性判断基準として、前出の「報酬を受け取る場合…」（②ア）に加えて「具体的な保険商品の推奨・説明を行うものであること」（②イ）を新たに明記した。これらアとイの両判断基準は、前述したとおりいずれにも該当しなければ締約の代理または媒介を認定することができないものとされている。これら新たな要素を考慮に容れた場合、各判例に見られたような信義則事案は、どのように判断されるのであろうか。

（２）保険契約者の健全な判断

　具体的商品の推奨・説明という基準は、募集規制の基本的方向性を端的に示すものである。保険業法１条には、「保険業を行う者の業務の健全かつ適切な運営」と「保険募集の公正を確保することによ〔る〕保険契約者等の保護」が挙げられている。しかし、後者の契約者保護を第一義的な位置に据え

---

[31] 石田満『保険業法2009』601頁（文眞堂、2009年）。『保険業法2015』618頁（文眞堂、2015年）では、とくに委託契約との関係でより詳細な募集過程が定義されている（ただし、満期管理には触れられていない）。

たり、あるいはもっぱら契約者保護という目的だけに一元化して捉える見解が、かなり早い段階から解釈論的に主流をしめてきた[32]。そして、具体的に契約者保護を達成するためには、「個々の契約者は必ずしも保険商品を識別する能力を持っている訳ではない」ことを前提として、「契約者に最も適当な保険を選択させるため助言と説明を行う」必要があると考えられてきた[33]。要するに、保険契約者に十分な情報を提供することによって、保険契約に「健全な識別」を行わせることが主眼とされている。だとすれば、このような基本姿勢を背景に置く規制体系では、保険契約者の「潜在的需要」を正確に認識させるための情報提供が不可欠ということになる。「募集」概念は、それに従事する者の登録によって、この規制理念を適正に実現するための鍵となるのである。そして「具体的な保険商品の推奨・説明を行うものであること」という判断基準もまた、現行保険募集規制体系の根底にある、このような理念をあらためて確認するものである。

　そうだとすれば、委託契約書上の委託業務である「契約の維持・管理」をベースとして形成され、判例によって信義則にその論拠を与えられた前掲の各ケースでは、保険募集規制に本来求められる前提事実が崩れてしまっている。つまり、上掲の各事案では、代理店が「日ごろ契約者と身近に接し、各種保険の手続きを代行したり、保険料を徴収等の事務を担」（前掲前橋地裁）う場合には、保険契約者との間に濃密な信義則的関係が発生する。この関係は、保険契約者の代理店に対する依存度を極度に高める。言い換えれば、この関係の中では、保険契約者が通常時の健全な識別能力を「麻痺」させられ

---

[32] 木下孝治「損害保険代理店の説明義務と顧客による商品選択」損害保険研究58巻2号187頁（損害保険事業総合研究所、1996年）、落合誠一「募集制度」竹内昭夫編『保険業法の在り方（下）』213~214頁（有斐閣、1992年）、鴻常夫監修『「保険募集の取締に関する法律」コンメンタール』14~15頁（安田火災記念財団、1992年）（山下友信執筆）。

[33] 木下・前掲注(32)187頁。

ている。したがって、十分な情報に基づく保険契約者自身の判断がその基礎を失っていると見なければならない。

このように考えると、上掲判例の各事案を、例えば付け替えを新規「募集」と捉え、あるいは更新を反復的「募集」行為と見ることで、その際の情報提供義務違反と構成しようとするような捉え方は、小手先の理屈に堕することになろう[34]。保険契約者の自律的な意思決定の支援を旨とする現行の募集規制体制の下では、正常な判断力自体を喪失した保険契約者の保護は想定されていないといわざるをえない。

8．結びにかえて－両者は交錯せざる「契約者保護」か？－

（1）意向把握と信義則関係

ただ、今次の保険業法改正で、いわゆる意向把握義務が挿入されたことは、上掲各判決の事案の検討に新たな視角を提供するように思われる。前述したように、代理店が契約の維持・管理を実施するために保険契約者に締約後のサービスを徹底していくと、保険契約者の代理店依存が強まる。敢えて非常に粗い言い方をするならば、それに反比例する形で、信義則関係が深くなれば深くなるほど、代理店は詳細に保険契約者の意向を知ることが可能になるのではないだろうか。

新保険業法294条の2では、明示的に保険会社・募集人の意向把握義務が導入された。その最大の理由は、意向確認書の導入が実質的に失敗に終わっ

---

[34] 筆者はかつて、283条責任を会社に負わせることを念頭に、これらの事案を「募集」上の義務違反に含めようと試みたことがある（拙著「保険募集における対契約者責任の法的構造(1)」早稲田法学85巻3号1分冊107頁（早稲田大学法学会、2010年））。しかし、保険契約者の健全な判断力を前提とする以上、現行の募集規制と、信義則に基づく代理店の責任類型は基本的に異なる系列に属すると考える。したがって、見解を改めたい。

たことによるといわれている。この点は、WG 報告書が「保険会社の体制整備義務に基づいて意向確認書面の使用が定められており、顧客自身が契約締結前の段階で、推奨された保険商品と自らのニーズが合致しているかについて、最終確認の機会が設けられている」が、「当該手続については導入時に求められた効果が必ずしも十分には発揮されていない」と認識するところでもある。そして、意向確認書導入時に求められた効果として、「募集人等が推奨した保険商品をそのまま購入するのではなく、推奨された商品内容が自らのニーズに合致しているかを確認したうえ、自己の責任で購入するか否かの判断を行う」という点が重視されていた。WG 報告書自身、従来の意向確認書面の失敗の原因として、「具体的手法について画一的なものを強制することとした場合には、多様化している募集形態すべてに適当する手法を設定することの困難さから、結果として意向把握が形式化するおそれがあ」ると指摘した。もっとも、それを改善するために、「顧客ニーズを把握するための具体的な手法については、商品形態や募集形態に応じて、保険会社・保険募集人の創意工夫に委ねる」という方向性を打ち出した。そして、保険業法 294 条の 2 を「一般的義務規定（プリンシプル）」としていわば象徴的原理に置くことを企図した[35]。

しかしながら、この経緯については WG 報告書の基本認識に多少のズレがあるように思われる。従来の意向確認書がその手法の画一性のゆえに顧客の意向を反映できなかったことはそのとおりであろう。ただその最も大きな原因は、保険会社の体制整備義務にこのシステムを委ねてしまったことにある。代理店を介した保険募集において、保険会社は決して顧客と直接的な接触はしていない。その保険会社に顧客のニーズとの一致を求めるとすれば、当然のことながらそれぞれの保険種目について契約者全員に共通する最大公約数

---

[35] 前掲注(2)WG 報告書 9~10 頁。

的意向確認手法を採らざるをえない。これが体制整備義務の一環とされるのであれば、保険会社は義務違反を免れるために、統一的意向確認書面を一種の「免罪符」として普遍化する必要があったのである。したがって、意向把握・確認の充実を保険会社に求めたことにこそ、問題のより本質的な元凶があったということができる。

（2）代理店の自律と責任強化－より深い「意向把握」へ－

今次改正は、「一般的義務規定」として意向把握の実施を保険会社および保険募集人に義務づけた。もっとも上のような意向確認書の失敗を意識するのであれば、保険契約者と直接的に交渉・接触を持つ保険募集人にこそ、より大きな比重が置かれなければならない。単に「募集形態に応じて…創意工夫に委ねる」と抽象的な方向付けを示すだけでは足りない。とくに、募集人の側にも体制整備義務を課した今次改正の下では、代理店の自律性を積極的に認め、ここに意向把握の主軸を移すという明確な姿勢転換を打ち出す必要があったのではないだろうか。

このように、保険契約者の意向を把握する代理店の役割を意識するとき、これまでの募集規制理念、すなわち十分な情報提供による保険契約者の自主決定の尊重という方針は、少なからぬ修正を余儀なくされる。保険会社から独立した代理商としての代理店は、自身の営業的権益を確保するために、顧客との間で積極的信頼関係を築くことを志向する。そのために、前述した判例に述べられたような「信義則」的な対顧客関係は、どのような代理店にも多かれ少なかれ形成されているものである。「代理店にすべて任せた」という保険契約者の最も極端な姿勢は、確かに現行規制理念の前提を揺るがせるものである点に疑いはない。しかしだからといって、保険契約者保護の視点から、保険契約者の代理店に対する「信頼」を一切排除することも至難の業であろう。

例えば前掲の前橋地裁の事案では、契約者が特定建物の店総契約について日ごろ消極的な考え方をしていたことを代理店は認識していた。また東京地裁の事案でも、販売車両に関する「請求」をすべて一括して行い、保険契約者がこれに直ちに応じていたことを代理店は知悉していたはずである。これらの事情は、一連の保険契約締結過程の「後」の「保険契約の維持・管理」から生まれるものである。現行規制における「募集」概念を超え、「代理店の顧客との関係」を広く捉え直すことにより、保険契約者のより正確な意向を把握できるように体制を構築し直すこともまた、今後の保険契約者保護規制のあり方となるのではあるまいか[36]。

保険業法294条の2は、まさに、「保険募集プロセスにおける保険募集人等の行為義務の源泉として機能する潜在的な可能性を有する」[37]ものである。それは、伝統的な「募集」概念の枠さえ超えて、保険契約者保護の体系を拡張していく潜在力を有していると考えられるのではあるまいか。

---

[36] ただしこの方向で契約者保護が進むと、代理店は信義則的関係が深まれば深まるほど、保険契約者の意向を汲んだ契約提供等を行わなければならず、自ずとその責任は重くなる。今次改正によって代理店の自律性が強調されるのであれば、こうした責任強化にあわせて、例えば代理店の職業的賠責保険の充実等の整備を徹底する必要も出てくるであろう。
[37] 山下・前掲注(5)94頁。

保険募集規制の展開
－比較情報提供をめぐって－

江澤　雅彦

1．はじめに

　一般に商品・サービスの顧客は、商品・サービスの認知・選択・購入決定に際し、自ら抱える不確実性を軽減するために、当該商品・サービスに関する情報を収集し、解釈しなければならない。保険商品の場合、顧客はそうした情報の収集・解釈に大きな困難を有する。すなわち、契約の内容を規定した保険約款は、法律知識を十分に有していない一般顧客にとっては理解が難しく、また一般の商品・サービス購入の際に最も重要となる価格に関しても、たとえば生命保険において有配当保険を購入する場合には、契約者配当をも加味したうえでそれを評価しなければならず、そうした評価を一般の顧客が的確に下すのは困難と言わざるを得ない[1]。

　したがって、顧客の意向を把握し、当該意向に沿った保険商品を顧客に勧め、顧客にも自らの意向と当該保険商品が対応していることを認識させつつ、保険契約締結に至らしめる保険募集人における中核業務は、保険商品を

---

[1] 江澤［2007］p.122。

巡る情報提供であると言える。

　以上のように、筆者は以前から保険募集人の中核業務を顧客への情報提供と捉え、その重要性を主張してきた。今回の保険業法改正においては、保険募集人の情報提供義務が、従来のような「保険契約の契約条項のうち重要な事項を告げない行為」を禁止行為として挙げるという消極的な形でなく、「保険契約の内容その他保険契約者等に参考となるべき情報」を積極的に提供することとして、規定された。保険募集を顧客利益の実現にさらに寄与するものにするという目的に対し、少なくとも一歩前進と評価してよいであろう。

　以下本稿では、保険募集人による情報提供の中でも、特に、顧客が複数の保険商品の選択肢から1つを選ぶ際に必要な「比較情報」の提供問題を取り上げる。次章以下では、これまでの規制の経緯を概観し、今回の規制改定の概要と今後の課題について検討する。

2．比較情報提供をめぐる規制の経緯

（1）比較情報提供の必要性
　比較情報提供の規制の経緯を見る前に、まず、比較情報提供がなぜ必要であるか確認しておきたい[2]。
　1）顧客への比較購入の奨励
　顧客にとっては、購入決定の際に比較情報がなければ、的確な判断を下すための材料を欠き、その結果商品選択を誤り、不本意な失効・解約に追い込まれる可能性がある。まずは、顧客が、保険商品間に価格および質の面で相違があることを認識する必要がある。すなわち、比較情報提供により、顧客の「購入態度変更」が期待される。

---

[2] 江澤[2002]pp.62－63。

とかく顧客には、「最寄品」に接するごとく、当該商品に関する積極的な情報収集を行わないまま購入の意思決定を下す傾向がある。(公財)生命保険文化センターによる『平成27年度 生命保険に関する全国実態調査』においては、直近加入契約が2010年以降の民間生命保険会社加入世帯(かんぽ生命を除く)に対して、加入時の商品比較の経験を尋ねている。その結果は、「特に比較はしなかった」が69.6％と最も高く、次いで「他の民間の生保会社の生命保険と比較した」24.7％、「県民共済・生協等の生命共済と比較した」4.6％、「JAの生命共済と比較した」1.3％となっている[3]。7割の契約者が、「保険商品は最寄品」と捉えているのである。

ただ、比較情報の検討により、顧客が「保険商品は買回品」と捉え、商品間の価格および質の相違に注目し、他の保険商品との比較購入（Comparison Shopping）するという態度が望まれる。上述の調査では、3割近い契約者はそうした態度で保険商品に接しており、ここに比較情報提供へのニーズが存在する。たとえばそうした契約者には、「生命保険は買われるものではなく、売られるものである」（Life Insurance is not bought but sold.）といった表現は妥当しない。

2）保険会社間の競争促進

比較情報提供による顧客の商品選択は、保険会社間の競争を促進し、結果として価格の低下、商品の質の向上に寄与する。顧客が比較情報をもたず、保険会社間でその商品の価格と品質に相違があることが分からなければ保険会社には、価格引き下げ・品質向上のインセンティブが湧かない。したがって上位会社は、超過利潤を含んだ価格で販売し続けることができ、また本来淘汰されるべき非効率的な保険会社も市場に生き残ることが可能となる。

一見迂遠に見えるが、比較情報は、保険市場の透明化を通じて、契約者利

---

[3] （公財）生命保険文化センター『平成27年度 生活保障に関する調査』（平成27年12月）p.78参照。

益の増大に貢献するのである。

(2) 旧募取法から保険業法へ

旧募取法第16条は、保険会社側が顧客に対して契約条項の一部を「比較した事項」を告げることを禁じていた。この契約条項の一部比較禁止条項を厳密に解釈すると、一部ではなく「全部」比較のみが許され、実際上それは実施困難であり、これが商品選択のための情報提供の阻害要因となっていた。したがってある程度の条件付きであっても、この種の情報の開示が可能となるようにすべきであるとの主張がなされてきた[4]。

そこで、1996年4月施行の改正保険業法により、比較情報の開示については、保険契約者等を誤解させるおそれのあるものを告げたり、表示することのみが禁止され、比較情報の提供は、「原則解禁」となった[5]。

(3) これまでの規制改定

1)「契約者等に誤解を招く恐れのある契約内容の比較」

前述の保険業法改正後、次に問題となるのは、この規制において禁止される、「契約者等に誤解を招く恐れのある契約内容の比較」とはどういったものかという点である。この問題に対して、2007年7月の時点で、「保険会社向けの総合的な監督指針」(以下、「監督指針」) は、以下の事項を掲げている。

---

[4] 江澤[2002]p.72。
[5] 保険業法第300条第1項第6号　「保険契約者若しくは被保険者又は不特定の者に対して、一の保険契約の契約内容につき他の保険契約の契約内容と比較した事項であって誤解させるおそれのあるものを告げ、又は表示する行為」

ア．客観的事実に基づかない事項又は数値を表示すること。
イ．保険契約の契約内容について、正確な判断を行うに必要な事項を包括的に示さず一部のみを表示すること。
ウ．保険契約の契約内容について、長所のみをことさらに強調したり、長所を示す際にそれと不離一体の関係にあるものを併せて示さないことにより、あたかも全体が優良であるかのように表示すること。
エ．社会通念上又は取引通念上同等の保険種類として認識されない保険契約間の比較（たとえば有配当保険と無配当保険）について、あたかも同等の保険種類との比較であるかのように表示すること。
オ．現に提供されていない保険契約の契約内容と比較して表示すること。
カ．他の保険契約の契約内容に関して、具体的な情報を提供する目的ではなく、当該保険契約を誹謗・中傷する目的で、その短所を不当に強調して表示すること。

いずれも妥当な内容といえるが、上記「イ．保険契約の契約内容について、正確な判断を行うに必要な事項を包括的に示さず一部のみを表示すること。」については、「正確な判断を下すための必要事項の包括的表示」のために、「契約概要」を用いた比較表示が求められている。それには、比較する商品の「契約概要」を並べる方法と、「契約概要」の記載内容の全部を表形式にまとめる方法がある、としている。

またその比較表示の際に求められる要件として、以下の２つが挙げられている。

① 比較表示の対象とした全ての保険商品について、比較表示を受けた顧客が「契約概要」を入手したいと希望したときに、その「契約概要」を速やかに入手できるような措置（インターネットのホームページ上の表示、遅滞ない郵送等）が講じられていること。

② 比較表示に関し、(ⅰ) 比較表は、保険商品の内容のすべてが記載されているものではなく、あくまで参考情報として利用すること、(ⅱ) 比較表に記載された保険商品の内容については、必ず「契約概要」やパンフレットにおいて全般的に確認する必要があること、といった注意喚起文言が記載されていること。

ここで、「契約概要」とは、金融審議会において有識者、弁護士、保険サービス利用者、生損保業界の実務者等をメンバーとして 2005 年 4 月発足した、「保険商品の販売勧誘に関するあり方検討チーム」における議論をもとに導入されたものである（その導入は、監督指針の 2006 年 2 月改正にもとづく）。顧客が保険商品の内容を理解するために必要な情報を記載したもので、その中に掲げられる項目としては、監督指針において以下のものが挙げられている。

・当該情報が「契約概要」であること。

・商品の仕組み

・保障（補償）の内容（保険金等の支払事由、免責事由）

・付加できる主な特約及びその概要

・保険期間

・引受条件（保険金額等）

・保険料に関する事項

・保険料払込みに関する事項（払込方法、払込期間）

・配当金に関する事項（配当金の有無、配当方法、配当額の決定方法）

・解約返戻金等の有無及びそれらに関する事項

少なくとも上に掲げた項目が、比較される複数の商品間で示されれば、顧客にとっても購入商品決定のための判断材料になると思われる。

2）保険料に関する比較表示

保険料に関する比較表示についても、監督指針において注意が促されている。すなわち、保険料に関して顧客が過度に注目するよう誘導したり、保障（補償）内容等の他の重要な要素を看過させるような表示をしないよう配慮を求めている。契約条件や保障（補償）内容の概要等、保険料に影響を与えるような前提条件を併せて記載することが適切な表示として最低限必要とされた。

また、顧客が保険料のみに注目することを防ぐため、保険料だけではなく、保障（補償）内容等の他の要素も考慮に入れたうえで比較・検討すること、さらに保険料は顧客の年齢、性別等に応じて顕著に異なる場合があるので、実際に適用される保険料について保険会社等に問い合わせた上で商品選択を行うこと、こうしたことについて注意喚起を促す文言を併せて記載することが適当[6]とされた。

価格（保険料）の安さは、やはり顧客の第一の関心事である。しかし、当然ながら契約内容、契約条件等が異なればそれに応じて保険料も異なる。この点を顧客に十分理解させる必要がある。

3）比較表示主体

比較表示を行う主体がどのような者（保険会社、専属代理店、乗合代理店、保険仲立人等）であるか、また、比較の対象となった保険商品を提供する保険会社や保険代理店等との間に、提供する比較情報の中立性・公正性を損ない得るような特別の利害関係（例えば強い資本関係が存在する等）を有しているか否か、またどのような情報を根拠として比較情報を提供するか等について、比較表示を行う際に顧客に対して明示することが望ましい[7]とされた。

---

[6] 金融庁「保険会社向けの総合的な監督指針 本編」平成27年4月、Ⅱ-4-2-2(8)④（p.139）。

[7] 金融庁「保険会社向けの総合的な監督指針 本編」平成27年4月、Ⅱ-4-2-2(8)⑤（p.139）。

たとえば、比較表示を行ったのが専属代理店であれば、当該代理店は顧客が比較情報を検討した結果、比較対象となった商品ではなく自らが提供する商品を選択してもらいたいとの「期待」は少なくともあるはずである。それに対して乗合代理店であれば、比較される商品がすべて自分の取扱保険会社のものであれば、そうした期待をもつことはない。その相違を分かったうえで見込客は、比較情報を吟味し、購入判断を下す必要がある。

　以上、本章で検討した規制は、顧客が複数の保険商品から1つの商品を選択しようとする場合に、いかにして保険会社あるいは保険募集人に複数の保険商品に関する比較情報を公平な形で提供させるか、そうした目的で設けられたものである。
　それに対し、今回の規制改定においては、複数の保険会社の商品を取り扱う乗合代理店が、自信が公平な立場で各商品を「比較」したうえで、1つの商品を「推奨」するという募集行為を規制することとなった。以下、この点について検討したい。

3．比較推奨販売の展開

（1）保険募集における「比較推奨」の開始
　1）「算定会料率」の導入
　保険料は、一般の商品の価格と異なり、顧客にとって「安ければ安いほどよい」というものではない。支払保険金が保険料収入を上回る「保険技術的危険」が顕在化すれば、保険会社は破綻し、結局契約者が不利益を被る。保険数理を無視した保険料のダンピングは、契約者利益に反するものである。
　わが国では、明治期以降、第2次大戦後まで、特に火災保険分野では、危険データの不備、また競争上の圧力から保険料のダンピングが繰り返され

た。これに対処するために、料率の統一、保険業界全体での危険の共同調査、また再保険の出受に関する最初の協定機関、すなわち5大会社による火災保険協会が設立されたのは1907年のことである。また1911年には10社協定も成立した。しかしながら協定外会社や外国会社によって、この協定も有名無実となり、料率（引き下げ）競争はその後も跡を絶たなかった[8]。

　こうしたダンピングを防止するため、戦後、1948年に「損害保険料率団体に関する法律」が公布・施行され、同法律にもとづき、「損害保険料率算定会」が設立された。「算定会」では、会員である保険会社から、保険金支払等の大量のデータが提供され、精度の高い統計による適正な「算定会料率」が算出され、会員保険会社は、それを使用することが義務づけられた。保険会社では火災保険、自動車保険、傷害保険といった主要種目において、同一内容の商品が、同一価格（保険料）で販売された。戦後復興期、高度成長期を通じて、大蔵省（当時）は、こうしたいわゆる「護送船団方式」[9]をとることで損害保険会社を保護した[10]。

　明治末期から大正期に、乗合代理店で不正乗換募集が発生したため、代理店における乗合を禁止し、1社専属制の法定化に向けた議論もあったが、業界の自主規制により対応した。

　戦後、1948年に「保険募集の取締に関する法律」（募取法）が制定され、生保募集人は、1社専属制が法定化されたものの、損保では依然として乗合が認められたままの状態が続いた。ただし、上述の「護送船団方式」により、乗合代理店は、取り扱う保険会社が何社であっても、非常に容易に業務を進めることが可能であった。すなわち、同一商品、同一価格の下では、後述す

---

[8] 安井[1997]p.232。
[9] 戦時中、物資や兵隊を輸送船で船団を運ぶ際に、船団の中で最も速度の遅い輸送船に合わせて駆逐艦等の軍艦が護衛しながら進むことにたとえた（九條[2015]p.15）。
[10] 九條[2015]p.15。

る乗合代理店の比較・推奨販売はその必要性がなかったのである。

2）日米保険協議と保険業法改正

1996年12月の日米保険協議における合意により、1998年7月に「保険料率の自由化」が行われた。損害保険会社に課せられていた算定会料率（損害保険料率算定会および自動車保険料率算定会の料率）の一律使用義務が撤廃され、従来から損害保険会社全社が横並びに「同一商品・同一価格」で提供してきた販売および商品開発までが一気に自由化された[11]。ここに乗合代理店による比較推奨販売の可能性が大きく開かれることとなった。

また、1996年の保険業法改正によって、「子会社を通じた生損保の相互参入」が認められ、それが、前述の生保募集人の1社専属制を見直す原因となったと考えられている。すなわち、損保会社が生保子会社を創設して生保販売を行う場合、そのチャネルは既存の損保代理店以外に存在しない。しかしながら、そうした代理店はすでにたとえば外資系生保の代理店になっている実態が多くみられた。生保1社専属制のもとでは、そうした既存の取引と、新設の損保系生保子会社との取引の二者択一を迫られることになる。したがって、損保会社が生保子会社を創設する前提として、生保の1社専属制の廃止されることとなった[12]。ここに、以下に述べる「来店型ショップ」が登場する環境が整った。

（2）比較推奨販売の担い手としての「来店型ショップ」

1）大手4社

乗合代理店といえば、伝統的には、損害保険の主要チャネルである代理店を、「販売委託をしているのが単数会社か複数会社か」という基準で分類した際に、専属代理店に対立する今1つの代理店の種類のことを意味していた。

---

[11] 九條[2015]p.53。
[12] 栗山[2014]p.135。

直近のデータでは、2014年度末現在、損害保険代理店204,990店のうち乗合代理店は、38,691店で18.9％の占率となっている[13]。ただ、乗合代理店でも近年台頭しているのは、主に生命保険商品の比較推奨販売を行ういわゆる「来店型ショップ」である。別掲表（次頁）に、現在「大手」といわれる来店型ショップの会社名、取扱保険会社数、店舗数を示した。4社合計で店舗数は1,000店超となっている。乗り合っている保険会社も、生保ではほぼ20社を上回っている。

　一口に「乗合代理店」といっても、自動車保険などを中心とする損保系の乗合代理店と生保系の来店型ショップとでは、店舗展開やセールス手法にかなりの違いがある。

　たとえば別掲表にもある「保険見直し本舗」は、ショッピングセンターを中心に新規出店を進め、今も年間20店舗前後で拡大を続けている。他社では各店舗に店長を置き、保険相談を行うスタッフは1店舗に常駐するのに対し、同社では店長職は不在で、本社が一括して店舗運営を管理している。コンサルティングアドバイザーは1人で2～3店舗を受け持ち、予約状況に応じて店舗間を移動する。アドバイザーの大半は、採用担当者がスカウトした業界経験者で、接客やコンサルティング手法も、自分自身の経験にもとづきそれぞれ展開される。来店客の成約率は重視されるが、個々のアドバイザーにノルマはないという[14]。

2）若齢世代への訴求

　（公財）生命保険文化センターによる『平成27年度　生命保険に関する全国実態調査』によれば、直近加入契約の際、用いた加入チャネルは、「営業職員」が59.4％と約6割を占めて最も高く、次いで「保険代理店の窓口や営業職員」（13.7％）、「通信販売」（5.6％）、「銀行・証券会社を通して」（5.5％）

---

[13] 日本損害保険協会『損害保険ファクトブック2015』p.70。
[14] 『週刊東洋経済　臨時増刊　生保・損保特集　2013年版』p.48。

と続いている。平成 24 年度→平成 27 年度と時系列でみると、「営業職員」は 68.2％→59.4％と低下傾向にあるのに対し、「保険代理店の窓口や営業職員」は、6.9％→13.7％と、ほぼ倍増している。この 13.7％の内訳は、保険代理店（金融機関を除く）が 9.0％で、「来店型ショップ」は、4.7％となっている。この数値が今後どう動くかが注目される。

また、世帯主年齢別では、「営業職員」は、全年齢にわたり平均的に利用されているが、「保険代理店の窓口や営業職員」では、30 歳代～40 歳代に多く利用されていて、50 歳代以上への訴求力はあまり強くない。比較的若い子育て世代が「来店型ショップ」のメインの利用者と言えよう[15]。

会　　社　　名	取扱保険会社数	店舗数
保険の窓口グループ（株）	生保　　25 社 損保　　16 社	597
（株）保険見直し本舗	生保　　25 社 損保　　19 社 少額短期　1 社	210
みつばち保険グループ（株）	生保　　18 社 損保　　11 社 少額短期　1 社	116
（株）アイリックコーポレーション （保険クリニック）	生保　　23 社 損保　　16 社	153

（出典）各社のウェブサイト（2016 年 2 月 10 日現在）から。

---

[15]（公財）生命保険文化センター『平成 27 年度　生活保障に関する調査』（平成 25 年 12 月）pp.79－80 参照。

3）公平・中立性をめぐる問題

 ある時期、来店型ショップの側から、「公平・中立」の立場に立って複数の保険会社の商品の中から顧客のニーズを踏まえて商品を販売するといったメッセージが、テレビCM、ウェブサイト上の広告、各種販促物に見られた。しかしながら、保険業法上、乗合代理店は、保険会社から独立した立場で募集行為を行う保険仲立人とは異なり、乗合代理店はあくまでも保険会社から委託を受けて保険募集を行う者と位置付けられており、（保険会社と顧客との間での）「公平・中立」な立場で募集を行うことが担保されているわけではない[16]。

 ただし、後述するとおり、複数の取扱保険会社がそれぞれ取り揃えている保険商品を前にして、これらのうち1つを比較推奨販売する際には、複数の保険商品を「公平・中立」に絞り込んでいく必要性が生じる。このように、乗合代理店の募集行為において、「公平・中立」が2つの意味で使用されていることに注意しなければならない。

4．比較推奨販売への規制設定

 今回の規制改定により、保険募集人に対して、保険募集の際に、顧客が保険加入の判断を行う際に参考とするべき情報の提供が義務化された。その中で特に乗合代理店に対しては、「顧客の意向に沿った保険契約の選別を行う」場合と、「顧客の意向に沿った保険契約の選別を行わない」場合に分けて、情報提供が規定された。

---

[16] 金融審議会　保険商品・サービスの提供等の在り方に関するワーキング・グループ『新しい保険商品・サービス及び募集ルールのあり方について　平成25年6月7日』p.18。

（1）「顧客の意向に沿った保険契約の選別を行う」場合の情報提供

1）2段階構造

新監督指針[17]によれば、この場合の情報提供は2つの段階から構成される。

第1段階では、当該乗合代理店が扱う保険商品の中から、顧客の意向に沿った比較可能な商品（顧客の意向に沿って保険募集人が絞り込んだ保険商品）の概要を明示し、顧客の求めに応じて商品内容を説明する。なお商品の概要明示に当たっては、前述した「正確な判断を下すための必要事項の包括的表示」の場合と同様、「契約概要」、あるいはパンフレットが用いられる[18]。

次に第2段階は、自らの取扱商品のうち顧客の意向に合致している商品の中から、保険募集人の判断により、さらに絞込みを行って、商品を提示・推奨する場合に、商品特性や保険料水準等の客観的な基準や推奨理由等について説明することを求めている[19]。

この推奨理由説明は、従来の重要事項説明義務の対象とされてきた商品内容の説明とは質的に異なるとされている。まさに保険募集人の「判断」にもとづく商品の絞込みの結果提示された商品の推奨理由であるから、それは、保険募集人から顧客への「アドバイス」と捉えられる。そのアドバイスを規制レベルで求めているのである。

したがって、乗合代理店に複数の保険募集人がいる場合、そのアドバイスは、保険募集人毎の事情に応じたものであってあってはならず、その正確性は組織で確保する必要がある。特に保険募集人が多数所属する大型代理店で

---

[17] 新監督指針Ⅱ-4-2-9（5）①②
[18] 九條[2015]p.135。
[19] この際、たとえば、自らが勧める商品の優位性を示すために他の商品との比較を行う場合には、当該他の商品についても、その全体像や特性について正確に顧客に示すとともに自らが勧める商品の優位性の根拠を説明する等、顧客が保険契約の契約内容について、正確な判断を行うに必要な事項を包括的に示す必要がある点に留意する（新監督指針Ⅱ-4-2-9（5）（注2））。

は、明確な推奨理由を策定して、推奨基準を確立[20]し、すべての保険募集人に徹底する必要がある[21]。

2）手数料開示との関連

さらにこの推奨理由について、監督指針では、形式的には商品の推奨理由を客観的に説明しているように装いながら、実質的には、例えば保険代理店の受け取る手数料水準の高い商品に誘導するために商品の絞込みや提示・推奨を行うことのないよう留意させている[22]。

「乗合代理店が、複数保険会社の商品のうち特定の商品を推奨販売する際に、顧客の意向に合致した商品ではなく、募集手数料の高い商品を勧めているのではないか」という疑問から、顧客に対し乗合代理店が手数料を開示することを義務づけることの是非が、「保険商品・サービスの提供等の在り方に関するワーキング・グループ」（以下、WG）で議論された。審議において、「募集手数料について、顧客に理解可能な形での開示が困難であり、結果として誤った情報を与えることになる。手数料の多寡は、顧客ニーズと保険商品が合致しているかどうかや顧客が支払う保険料には直接の関係はない」との意見[23]もあったという。

WGにおいては、手数料開示に関し賛否両論が出されたが、WGの報告書『新しい保険商品・サービス及び募集ルールのあり方について　平成25年6月7日』（以下、『WG報告書』）では、乗合代理店による保険商品の比較販売について、一定の適切な体制が整備・確保されると考えられることから、手数料の開示を現時点では、求める必要はないとされた。ただし、比較販売

---

[20] 九條[2015]p.140。
[21] 九條[2015]p.135、錦野[2015]p.45。
[22] 新監督指針Ⅱ-4-2-9（5）①②（注1）
[23] 金融審議会　保険商品・サービスの提供等の在り方に関するワーキング・グループ『新しい保険商品・サービス及び募集ルールのあり方について　平成25年6月7日』p.20、注61。

手法について問題が存在するおそれがある場合には、必要に応じて、乗合代理店に支払われる手数料の多寡によって商品の比較・推奨のプロセスが歪められていないかについて、監督官庁によって検証を行うことが重要とされた。そして仮に、手数料の多寡を原因として不適切な比較販売が行われる事例が判明した場合には、手数料開示の義務付けの要否について、改めて検討を行うことが適当[24]、とされた。

上述監督指針では、こうした議論を踏まえ、推奨理由と手数料との間に顧客利益を損ねるような関連性があった場合、いつでも手数料開示の可能性があるとの監督官庁の態度が表明されている。

(2)「顧客の意向に沿った保険契約の選別を行わない」場合の情報提供

保険募集人は、法律上は保険会社から委託を受ける者(保険の売り手側の立場)であり、顧客から依頼を受けた顧客側のアドバイザーではない。そのような保険募集人に上述のような常に(高度なレベルの)商品選択上のアドバイス(推奨理由説明)を規制上義務づけることは過剰ではないかとの考えもある[25]。

しかし、今回の規制改定では、「顧客の意向に沿った保険契約の選別を行わない」という選択肢も代理店に認められている。ただし、「商品特性や保険料水準等の客観的な基準や理由等に基づくことなく、商品を絞込み又は特定の商品を顧客に提示・推奨する場合」であっても、その基準や理由等(特定の保険会社との資本関係やその他の事務手続・経営方針上の理由を含む)の説明が求められている[26]。

また少なくとも、自らが販売委託契約を結んでいる各保険会社の保険商品

---

[24] 同上、注62。
[25] 錦野[2015]p.45。
[26] 新監督指針Ⅱ-4-2-9(5)③および(注)。

を、「公平・中立」の立場で比較推奨するとの態度を表明している場合には、商品の絞込みや提示・推奨の基準や理由として、特定の保険会社との資本関係や手数料の水準その他の事務手続・経営方針等の事情を考慮してはならない。各保険会社間における「公平・中立」の表示を見た顧客の期待に反することになるからである[27]。

こうした規制上の枠組みは設けたものの、「自分は、『顧客の意向に沿った保険契約を選別』する者ではない」との自己表明をする保険募集人が果してどれほど存在するか、疑問の残るところである。

(3) 乗合代理店の情報提供に関する社内規則の策定等

以上のように「顧客の意向に沿った保険契約の選別を行う」場合、また「顧客の意向に沿った保険契約の選別を行わない」場合の双方において、乗合代理店が、商品の提示・推奨や保険代理店の立場の表示等を適切に行うためには、その措置について、社内規則等において定めたうえで、定期的かつ必要に応じて、その実施状況を確認・検証する態勢を構築しなければならない[28]。

実際の保険募集は、個々の保険募集人と顧客のみが相対するため、当該保険募集人の属人的なやり方に支配されている場合が多かったという[29]。保険募集に携わっておられる方から、

「私のお客さんは、『・・・さん(その保険募集人の名前)のことを信用していますから、私の保険のことは、・・・さんに任せます』と言ってくれる方が多いです。」との話を聞いたことがある。こうした属人的な保険募集には、むろんメリットもあるが、そのノウハウが乗合代理店の組織において蓄積されることはない。

---

[27] 山下[2015]pp.86-87。
[28] 新監督指針Ⅱ-4-2-9(5)④。
[29] 九條[2015]pp.140-141。

ここで求められている社内規則の策定を、「監督指針」の中で求められていることのみを理由に消極的に行うのではなく、属人的なノウハウを蓄積することで、保険募集実務を「可視化・標準化」するための手段と積極的に受け止め、真摯に取り組むべきであろう。

5．むすびにかえて

保険募集規制の目的は「保険募集の公正を確保すること」（保険業法第1条[30]）にあり、その具体的内容としては、保険に加入しようとする者が、適正な説明等を受け、正しい理解に基づく適切な判断ができるようにすること、すなわち顧客の自律的な意思決定の支援という点が重視されている[31]。このことを、筆者は、募集する側と購入する側の両者による情報に通じた上での保険募集および保険購入（Informed Purchase or Selling of Insurance Products）[32]と表現してきた。本稿は、各種情報の中でも、特に比較情報を取り上げ、従来の規制、ならびに今回新たに導入される新規制について検討した。

特に新規制においては、比較推奨販売を行う乗合代理店を想定して、「顧客の意向に沿った保険契約の選別を行う」場合の情報提供と「顧客の意向に沿った保険契約の選別を行わない」場合の2つに分けて、商品絞込みの際の「推奨基準」の明確化に留意することが求められた。それは、この「推奨基準」に黙示的に「募集手数料の多寡」が入り込めば、結果的に契約利益を損なうことになることが懸念されたためと思われる。

---

[30] 保険業法第1条「この法律は、保険業の公共性にかんがみ、保険業を行う者の業務の健全かつ適切な運営及び保険募集の公正を確保することにより、保険契約者等の保護を図り、もって国民生活の安定及び国民経済の健全な発展に資することを目的とする。」
[31] 山下[2015]pp.78‐79。
[32] 江澤[2014]p.289。

英国において、金融商品の販売は主に独立金融アドバイザー（Independent Financial Adviser、以下 IFA）という。日本の保険仲立人に相当）が担っているが、商品供給業者から支払われる手数料の多寡により販売が左右される傾向－Commission Bias－の根絶のため、規制当局[33]は 2013 年から IFA の報酬体系についてコミッション方式を全廃したとのことである[34]。

　もちろん英国と日本、IFA と乗合代理店といった大きな相違があり、これらを同列に議論できるものではない。しかしながら、「コミッション方式全廃」という大きな制度変更を必要とするほど、手数料の多寡が募集行為に影響を与えやすいということを重く受け止めることは大いに必要である。今回導入される規制の下、わが国の乗合代理店が、Commission Bias のない状態で業務を遂行していくか、十分に注視する必要がある。

　わが国の保険規制担当者は、今回の制度改正を契機として、顧客の視点に立って保険商品を提案できる保険募集人が増えることを期待し、そして、「意向把握・意向確認や情報提供はなんのためにするのか、体制整備はどうして必要なのか、保険業界全体で真剣に考えてほしい。」[35]と要望している。法令等で求める各種義務の履行自体を目的とするのではなく、いかにすれば顧客利益の保護、増進に役立つかを考えていくことが、保険募集人の存在基盤を強固にすることに繋がるのである。

　もちろん、規制を受ける保険募集人の側でも、今回の顧客利益志向の規制を前向きに受け止め、この機会を代理店自身の質的向上のチャンスと捉え、

---

[33] 英国の規制当局とは、英国金融サービス機構（Financial Service Authority、FSA）であったが、2013 年 4 月から金融行動監視機構（Financial Conduct Authority）に改組された（小林[2013]p.112）。
[34] 小林[2013]p.112。
[35] 井上 [2015] p.19（井上俊剛氏の井上 [2015]における肩書は、金融庁監督局保険課長）。

こうした環境変化に適合した組織を創造していきたい[36]との意見表明がなされている。

　規制する側と規制を受ける側の行動原理が顧客利益の増進という目的の下で一致することが、前述保険業法第1条の要請する「保険募集の公正確保」の着実な実現のために最も重要な条件である。

---

[36] 荻野明廣氏（日本代協名誉会長）の意見である（2013年10月17日付保険毎日新聞「出席メンバーが議論を総括　保険商品・サービスWGを振り返る⑮」）。

＜参考文献＞

- 石井秀樹[2015]「時事レポート　金融庁、施行規則及び監督指針を公表」『インシュアランス生保版』第 4606 号、p.17。

- 井上俊剛[2015]「保険代理店に実効性のある募集体制整備を求める」『金融財政事情』第 66 巻第 38 号、pp.16－19。

- 上原　純[2014]「新しい商品・サービス、募集ルールに係る金融審議会報告の概説」『生命保険経営』第 82 巻第 1 号、pp.3－31。

- 江澤雅彦[2002]『生命保険会社の情報開示』成文堂。

- 江澤雅彦[2004]「保険顧客への情報提供とその課題」『保険学雑誌』第 587 号、pp.3－22。

- 江澤雅彦[2007]「保険の販売チャネル」大谷孝一編著『保険論』pp.121－138、成文堂。

- 江澤雅彦[2012]「保険販売規制と高齢者保護―適合性原則をめぐって―」『早稲田商学』第 431 号、pp.435－453。

- 江澤雅彦[2014]「保険募集規制の展望―『WG 報告書』をめぐって―」『早稲田商学』第 439 号、pp.271－290。

- 九條　守[2015]『スーパープロフェッショナル　保険実務の道しるべ』保険教育システム研究所。

- 窪田泰彦[2013]「保険代理店販売の実態と課題を探る」『金融財政事情』第 64 巻第 45 号 pp.16－17。

- 栗山泰史[2014]「保険募集・販売ルールの変革と募集実務への影響―金融審議会「保険 WG 報告書」をどう受け止めるべきか―」『損害保険研究』第 76 巻第 2 号、pp.131－160。

- 栗山泰史[2015]「保険業法の歴史的変遷と新しい保険募集ルールの意義」『金融財政事情』第 66 巻第 38 号、pp.10－15。

- 小林雅史[2013]「英国における Retail Distribution Review による金融商品販売規制について」『保険学雑誌』第 621 号、pp.111－131。

- 錦野裕宗[2015]「改正業法で誕生の比較推奨規制、意向把握義務への思いと期待」『週刊東洋経済　臨時増刊　生保・損保特集』pp.44－47。
- 日本損害保険協会[2013]『募集コンプライアンスガイド』。
- 塙　善多[1981]『損害保険代理店 100 年の歩みと今後の展望』損害保険企画。
- 林　裕子[2013]「ニューヨーク州の手数料開示規制の状況」『生命保険経営』第 81 巻第 6 号、pp.105－123。
- 安居孝啓[2010]『最新保険業法の解説（改訂版）』大成出版社。
- 安井信夫[1997]『人保険論』文眞堂。
- 山下徹哉[2015]「保険募集に係る業法規制について―平成 26 年保険業法改正を中心に―」『生命保険論集』No.193、pp.71－102。
- 吉田　豊[2013]「保険代理店販売の実態と課題を探る」『金融財政事情』第 64 巻第 45 号 pp.23－25。

保険販売業の確立への展望
－保険業法改正 (2014) からの視点－

大塚　忠義

1. 論点の確認

　2014年5月23日に「保険業法などの一部を改正する法律」(以下、「改正法」という)が成立した。準備期間を経過した後2016年5月29日に施行される。改正法に係る政府令・監督指針案等については2015年2月に公表され、パブリックコメントを募集した政府令は2015年5月27日に公布された[1]。これにより改正法体系の詳細が明らかになった。

　改正法は、2013年6月7日に金融審議会の下部組織である「保険商品・サービスの提供等のあり方に関するワーキング・グループ」(以下、「保険WG」という) が取りまとめた報告書「新しい保険商品・サービス及び募集ルールの在り方について」(以下、「保険WG報告書」という)[2]を踏まえた改正内容が中心となっている。

　本稿の目的は、改正法によって導入された項目のうち、保険募集人に対す

---

[1] 金融庁ホームページ　http://www.fsa.go.jp/news/26/hoken/20150218-2.html
[2] 金融庁ホームページ　http://www.fsa.go.jp/news/24/singi/20130611-2/01.pdf

る体制整備義務に焦点をあて、その立法の概要、背景および趣旨を明らかにし、保険業界への影響を考察するとともに、保険募集機関として独自の地位を確立している銀行による保険商品の窓口販売（以下、「銀行窓販」という）の現況を参照にすることで、保険募集人のあり方、特に、来店型保険ショップに代表される大規模乗合代理店[3]の将来について所見を述べ、大規模乗合代理店が適切に発展していくための提言を行うことである。

早稲田大学保険規制問題研究所では、保険WG報告書が発表された直後の2013年6月28日に「保険募集の課題と展望　－金融審WGの「報告案」をめぐって－」と題して、早稲田大学大隈小講堂でシンポジウムを開催した。筆者は、同シンポジウムで「保険業の製販分離と保険募集人の義務」について発表した。本稿は、その発表を、今般明らかになった改正法の詳細をもとに加筆修正したものである。

保険WGへの金融担当大臣からの諮問のひとつは、保険の販売形態の多様化のもと保険募集・販売の在り方についての検討であった[4]。そして、金融庁は、改正法の趣旨として保険商品の複雑化・販売形態の多様化に対応するための募集規制の再構築をあげている[5]。

実際、保険の募集チャネルが多様化していることは、規制をめぐる議論を参照しなくても日々のいろいろな場面で実感する。例えば、TVコマーシャルでは、営業職員の笑顔（最近は若い女優が増えたように思える）の場面と30歳代の夫婦が保険の見直しを窓口で相談している場面が拮抗しているようだ。昼の時間帯ではダイレクト販売の保険のCMでにぎやかである。また、

---

[3] 乗合代理店とは複数の所属保険会社を有する保険募集人の通称である。
[4] WG報告書、2頁
[5] （出典）「保険業法の一部を改正する法律の概要」金融庁は改正法の概要をまとめた資料を公表している。金融庁のホームページ
http://www.fsa.go.jp/common/diet/186/02/gaiyou.pdf

リーマンショック前の変額年金販売が盛んだったころは、保険会社のCMか銀行のものか区別がつかないものが多くみられた。これらは、新たな募集チャネルにおける営業活動が従来のものより盛んに行われていることの証左である。

　本稿の構成は次のとおりである。第2章では改正法の概要、背景およびその影響について分析する。まず、改正法の概要を俯瞰するとともに、本稿の論点である保険募集人に対する体制整備義務について詳述する。次に、改正法の趣旨としてあげている販売形態の多様化と乗合代理店等の出現は、生命保険販売における現象で損害保険分野では当てはまらないことを統計データをもとに明らかにする。そのうえで、体制整備義務が設けられることで最も影響を受けるのは、来店型保険ショップに代表される比較推奨販売を行う大規模乗合代理店であることを明らかにする。そして、それらへの影響として保険会社からの独立性の確保、コンプライアンス体制の整備強化および来店型保険ショップ業界における競争促進をあげる。

　第3章では、比較推奨を行う大規模乗合代理店に先行して、業績が拡大し、独自の規制が設けられている銀行窓販の現況を分析することによって、大規模乗合代理店の将来を考察するための参考にする。まず銀行窓販に係る規制緩和・強化の変遷、業績の推移、および消費者からの苦情をたどる。次に、銀行窓販の展望として、金融審議会の分科会である「我が国金融業の中長期的な在り方に関するワーキング・グループ」（以下、「金融業WG」という）の報告書を引用することによって、個人向け金融サービス拡大の一環としての銀行窓販の推進について明らかにする。

　第4章はまとめとして、大規模乗合代理店の将来についての所見を述べ、大規模乗合代理店が適切に発展していくための提言を行う。まず、大規模乗合代理店の位置付けについては、銀行が既にそうであるように、保険業から独立した保険販売業として、かつ個人向け金融サービスの提供者としての地

位を確立していくことを予想する。大規模乗合代理店には、財務の健全性に問題のある保険会社の商品を推奨しないことによって、保険会社の財務健全性に対する監視機能を期待することができる。さらには、大規模乗合代理店の成長は、保険料の自由化を進めていくきっかけになりうる。保険会社に対する保険料規制を存続し大規模乗合代理店に手数料の開示義務を課すことより、営業保険料の設定を大規模乗合代理店に委ね、自由化を進める方が顧客の利益の拡大に資することは明らかである。

このような発展の前提として顧客からの信頼を確保することが必須の要件となる。そのためには、適正な業務運営に加えて、透明性の確保、すなわち、適切なディスクロージャーと仲立人と保険募集人の違いの明確化が求められる。

また、補論として、保険募集人の区分について、保険業法による定義と実際の販売形態による分類を示す。

2．改正法の概要、背景および影響

2.1 改正法の概要

本節では改正法を鳥瞰する。金融庁は、改正内容を「保険の信頼性の確保」と「保険市場の活性化」に分類している[6]。これにより、改正法を規制強化と規制緩和のふたつのカテゴリーに分別することができる。前者は新たな環境に対応するための募集規制の再構築として、保険募集の基本的ルールの創設と保険募集人に対する規制の整備である。これに対し、後者は金融業の発展を通じた経済活性化への貢献として、海外展開に係る規制緩和、保険仲立人に係る規制緩和、および実態に合った顧客対応を可能にするため規制緩和を

---

[6] 注2再掲

行うとしている。改正法の概要をまとめると（表1）のとおりとなる。

（表1）改正法の概要

保険の信頼性確保 （規制強化）	保険市場の活性化 （規制緩和）
保険募集の基本的ルールの創設 「意向把握義務」の導入 「情報提供義務」の導入	海外展開に係る規制緩和
保険募集人に対する規制の整備 保険募集人に対する規制の整備	保険仲立人に係る規制緩和
	実態に合った顧客対応を可能とするための規制緩和

（出典）「保険業法の一部を改正する法律の概要」より筆者作成

　本稿では、主に前者の規制強化に係る改正項目のうち、保険募集人に対する体制整備義務の導入に焦点をあてる。募集規制の再構築のうち、保険募集の基本的ルールの創設とは、虚偽の説明等、「不適切な行為の禁止」に限定されていた従来の保険募集規制に加え、顧客ニーズの把握に始まり保険契約の締結に至る募集プロセスの各段階におけるきめ細かい対応の実現に向け、「積極的な顧客対応」を求める募集規制を導入するものである。具体的には、保険募集の際に顧客ニーズの把握および当該ニーズに合った保険プランの提案等を求める「意向把握義務」（保険業法第294条の2、なお、以下、「保険業法」を単に「法」という）、および保険募集の際に商品情報等顧客が保険加入の適否を判断するのに必要な情報の提供を求める「情報提供義務」（法第294条）を創設した。

　また、保険募集人に対する規制の整備とは、「保険会社」が監督責任を負う従来の募集人規制に加え、「保険募集人」に対し募集の実態に応じた体制整備を義務付けるものである。保険募集人に義務を与え、直接監督を行うことにより保険募集人に主体的な取組みを求めている。これにより、保険募集

人自身も保険会社と並ぶ募集ルールの主要な遵守主体とする法体系へと移行することとなった。具体的に新たに付与された義務は次のとおりである。

（1）情報提供義務、意向把握義務を遵守するために、保険会社または保険募集人等は重要事項説明、顧客情報の適正な取扱い、委託先管理を含めた適正な運営を確保するための体制整備を講じなくてはならない。（法第294条の3）

（2）一定規模以上の保険募集人は、その業務に関する帳簿書類を作成・保存するとともに、事業年度経過後3か月以内に事業報告書を作成し、内閣総理大臣に提出しなくてはならない。（法第303条）

（3）登録義務のある保険募集人の業務委託先等に対する報告徴求・立入検査権限を整備する。（法第305条）

これらの保険募集人の体制整備義務の適用に関して、保険業法施行規則（以下、「規則」という）および保険会社向けの総合的な監督指針（以下、「監督指針」という）では、次のような具体的な対応を求めている。

法第294条の3に規定された体制整備義務に関しては、保険募集人は、業務の規模・特性に応じて、保険会社に課されている体制整備に準じた次のような対応が求められる。

（1）顧客への重要事項説明等保険募集の業務の適切な運営を確保するための社内規定等を策定し、その規定に基づいた適切な業務運営を確保するための研修を実施する。なお、個人代理店や小規模の法人代理店に関しては、所属保険会社の指導・監督に従い業務を実施する体制を整備することで足りる。また、保険会社、代理店の使用人（生命保険会社の営業職員や損害保険会社の直販社員、代理店の営業社員等）も体制整備義務の対象だが、所属会社の教育・指導・管理に従って、適正に業務を実施することで足りる。（規則第227条の7、監督指針Ⅱ-4-2-9(1)）

（2）個人情報の取扱いに関する社内規定を策定する。（規則第227条の9、

監督指針Ⅱ-4-2-9(2)）

（3）乗合代理店で、比較推奨販売を行う場合は、適切な比較推奨販売を行うために必要な体制整備を求められる。ただし、乗合代理店であっても比較推奨販売を行わない場合はこのような体制整備を行う必要はない。

（規則第227条の12、14、監督指針Ⅱ-4-2-9(5)）

また、法第303条に規定された一部の大規模乗合代理店とは、つぎのいずれかに該当する場合が対象となる。

（1）直近の事業年度における所属する生命保険会社、損害保険会社、少額短期保険会社の数が15以上の場合

（2）所属する生命保険会社、損害保険会社、少額短期保険会社が2以上で直近事業年度の手数料・報酬等の合計額が10億円以上の場合

なお、これらの要件は、生命保険会社、損害保険会社、少額短期保険会社ごとに判断する。

2.2 改正法の背景

金融庁は、前節で述べた内容の体制整備義務を保険募集人に対して付与する趣旨として、販売形態の多様化と乗合代理店等の出現をあげている[7]。本節では、これらの実態について明らかにする。

まず、金融庁が掲げる販売形態の多様化について分析する。販売形態の多様化とは、従来からの主たる販売形態である生命保険会社における営業職員チャネルと損害保険会社における代理店チャネルから、他の販売形態に移行していくことにほかならない[8]。これを直近のデータで確認する。

---

[7] 注2再掲
[8] （補論　保険募集人）参照。保険業法の規程では、「生命保険会社における営業職員チャネル」は「保険会社の使用人」に、「損害保険会社における代理店チャネル」は「損害保険代理店」に相当する。

生命保険分野[9]では、保険加入者数の割合で営業職員扱50％、保険会社（かんぽ生命、JA共済等を含む。以下同様）の店舗扱16％、代理店扱（代理店に雇用された営業職員扱および代理店が経営する来店型ショップ扱の合計。以下同様）9％、銀行窓販（証券会社を含む。以下同様）3％、ダイレクトチャネル6％である。これらの6年前（2007年）の数値は、営業職員57％、保険会社の店舗扱11％、代理店扱4％、銀行窓販3％、ダイレクトチャネル6％であった。つまり、この6年間で営業職員扱が7％減少し、保険会社の店舗扱は5％、代理店扱は5％それぞれ増加している。一方で、ダイレクトチャネル、銀行窓販に大きな変化はなかった[10]。

（表2）直近に加入した契約の加入チャネルの推移（単位；％）

	営業職員	店舗扱*	保険代理店	証券会社・銀行	ダイレクトチャネル	その他	加入件数
2013年	50	16	9	3	6	16	3,352
2010年	52	17	6	3	5	17	3,290
2007年	57	11	4	3	6	19	3,309

注＊；店舗扱には、保険会社、かんぽ生命、JA共済等の店舗を含む
（出典）「生活保障に関する調査」（2013年、生命保険文化センター）より筆者作成

---

[9] 生命保険文化センター「生活保障に関する調査」
http://www.jili.or.jp/research/report/chousa10th.html
本調査は、消費者に対するアンケートで構成された調査である。調査の頻度は3年ごとであり、「直近加入契約の加入チャネル」調査は2007年から行われている。なお、生命保険文化センターでは「生命保険に関する全国実態調査」も3年ごとに行っており、直近の調査は2015年に行われた。本調査でも「直近加入契約の加入チャネル」を公表しているが、対象が民間生命保険会社への加入に限定されている。

[10] 銀行・証券の値は2008年のリーマンショックによる変額年金販売の大幅減少が調査期間中にあることを考慮しなくてはならない。

これに対し、損害保険分野[11]では、2014年のデータで元受正味保険料の割合で代理店扱91%、直扱（保険会社の職員扱、ダイレクトチャネル扱）8%で、5年前（2009年）の92%、8%、10年前（2005年）の93%、7%とほとんど変化していない。これらのデータからわかることは、販売形態の多様化が進んでいるというのは生命保険分野であって、損害保険分野については当てはまらないということである。

（表3）募集形態別の元受正味保険料の割合の推移（単位；%、百万円）

	代理店扱	直扱	仲立人扱	元受正味保険料
2014年	92	8	0	9,057,463
2009年	93	7	0	8,471,215
2005年	93	7	0	9,125,256

（出典）「募集形態データ」（損害保険協会ホームページ）より筆者作成

　次に、改正法のもう一つの趣旨としてあげられている乗合代理店の出現についてのデータを確認する[12]。損害保険代理店の区分では、元受正味保険料の割合で、専属・乗合別でみて乗合代理店扱64%、専業・兼業別でみて兼業代理店扱61%、また、個人・法人別でみて法人代理店扱92%となっている。これらの5年前の数値は、それぞれ59%、66%、87%、10年前はそれぞれ

---

[11] 損害保険協会「募集形態データ」2013〜2004年度の調査データ
　http://www.sonpo.or.jp/archive/statistics/boshu/index.html
　本調査は保険会社各社が提供したデータに基づく。損害保険協会は毎年のデータを公表している。
[12] 前掲注11参照

57%、71%、77%であった。10年前と比較すると乗合代理店は7％の増加、兼業代理店は10％の減少、法人代理店は15％の増加となっている。一方で、総代理店数は、10年前の27万店から20万店へと減少しており、その内訳では、専属・乗合別では専属が減少、専業・兼業別では兼業が減少、個人・法人別では個人が減少している。つまり、代理店は大型化したのではなく、小規模代理店が減少していったに過ぎない。また、乗合代理店は10年前で約6万店が営業し、元受保険料の57％を占めていた。すなわち、金融庁が主張する「乗合代理店の出現」という現象は損害保険分野には存在しない。これに対し、生命保険の代理店の内訳を分析できるデータは公表されていないため、生保分野において「乗合代理店の出現」という状況が発生しているのか確認することはできない。

（表4）代理店の形態別の扱保険料の推移（単位；％）

	専属・乗合別		専業・兼業別		個人・法人別	
	専 属	乗 合	専 業	兼 業	個 人	法 人
2014年	36	64	39	61	8	92
2009年	41	59	34	66	13	87
2005年	43	57	29	71	21	77

（出典）「募集形態データ」（損害保険協会ホームページ）より筆者作成

　一般に販売形態の多様化は、少子高齢化の急速な進展、ライフスタイルの変化等を背景にした保険に対する顧客ニーズの多様化に対応するものである。保険に対する顧客ニーズが多様化すれば、加入方式・経路も多様化する。しかるに、生保と損保でこれほど顕著な差があることは注目に値する。この差異は、次のような両者の販売スタイルとニーズ喚起の手法の違いによるもの

だと考える。

　生命保険販売の伝統的な販売スタイルは、営業職員が潜在顧客を訪問しニーズを喚起することで保険加入に結び付けるものであった。これが保険に興味を持つ顧客が保険ショップに来店し相談を受けながら保険に加入する方式に移行しつつあることが、生命保険で大きな変化が起きた原因であると考える。一方、損害保険については従来から顧客のニーズは比較的顕在化しているので、販売チャネルの占率に大きな変化が見られないのだと考える。例えば、自動車購入時の自動車保険、不動産会社での火災保険・家財保険、旅行代理店での旅行保険加入はニーズが明確であり、かつ顧客が来店して購入する。

　また、自営業者、専業主婦の減少による昼間の在宅率の低下、およびセキュリティー環境の変化により部外者の事務室内への立入禁止によって営業職員が顧客を訪問する機会が減少している。このことが、物理的に訪問販売型の募集スタイルを減少させ、生命保険の販売形態の多様化を促進したと考える。保険加入の意思があっても営業職員の訪問を受けられない潜在顧客の多くは、保険ショップへの来店を選択していることが前述したデータから垣間見える。一方で、会話を伴わないダイレクトチャネルは、あまり増加していないという事実は興味深い。

2.3　改正法の影響

　本節では前2節の検討をもとに、体制整備義務の創設によって影響を受ける保険募集人について検討する。

　保険WG報告書では、「募集形態の多様化により保険会社と保険募集人の関係も多様化している。また、保険代理店の大型化が進展してきて、保険会社と保険募集人の関係も、ある特定の保険会社が保険募集人の業務全般を把握し、管理・指導をおこなうというケースは必ずしも当てはまらない場合が

増えつつある」[13]としている。この主張は大規模な乗合代理店には保険会社による管理・指導が及びにくいことを前提にしている。つまり、大規模乗合代理店は保険会社とは独立した法人であるとの認識に立ち、他の募集人と異なり、保険募集の基本的なルールを遵守するために主体的な取組みを求めているものである。

次に、規則、監督指針をもとに、実際に体制整備を義務付けられる保険募集人の範囲について検討する。保険募集人のうち、保険会社の役職員は既に所属保険会社に体制整備義務があるので、実質的に改正法の影響を受けない。新たに体制整備義務が付されるのは委託関係にある代理店のみである。このうち、個人代理店や小規模の法人代理店、さらには大規模であっても所属保険会社との関係が強い専属代理店は、従前と大きな変化はない。

逆に、新たに体制整備義務を負うことになるのは、乗合代理店のうち所属保険会社との関係が希薄な代理店である。乗合代理店でも所属保険会社と関係が強い場合は所属保険会社の指導・監督に従うことで従前と比べて大きな変化はないとされており、関係の強弱の判断基準は特に示されていない。しかし、比較推奨を行う乗合代理店は適切な比較推奨販売を行うために必要な体制整備を求められるが、比較推奨販売を行わない代理店はその必要はないとされているので、比較推奨販売の有無が所属保険会社と関係の強弱を測るバロメーターとなっている。

すなわち、損害保険代理店の多くは従来から保険会社の指導・監督下にあり、従前の代理店規制はこの関係を前提としており、法改正後も大きな変化はない。一方、生保商品販売は従来保険会社に雇用された営業職員が担ってきたが、生命保険代理店の増加、大型化、乗合制度の進展によりこの状況に変化が現れた。生命保険代理店に関する統計資料が公表されていないため、

---

[13] 保険WG報告書、8頁

定性的な分析に終始せざるを得ないが、生命保険を販売する代理店は、保険業法改正以後損害保険会社によって設立された生命保険子会社が親会社の販売組織である代理店を活用したことにより広がった。その後、2001年の銀行窓販の拡大により、銀行による生命保険の販売が急増した。これとほぼ同時期に生命保険商品の比較推奨販売を行う来店型保険ショップが全国展開された。来店型保険ショップは10数年の間に急成長し現在では大手社の年間契約高は中堅生保に匹敵する規模となっている[14]。これら全国展開している来店型保険ショップをはじめとする大規模乗合代理店が、保険WG報告書で指摘している「特定の保険会社が保険募集人の業務全般を把握し、管理・指導をおこなうというケースが当てはまらない大型の代理店」に該当し、実際に体制整備を義務付けられる保険募集人に該当している。

　大手来店型保険ショップは、財務的にも十分な規模を有しており、新たな規制に対応することに問題はないであろう。かえって規制が明確になることでガバナンスの向上につながる。一方で、コンプライアンス体制強化はコストアップ要因であり、中小の来店型保険ショップは経営効率の向上が求められる。すなわち、来店型保険ショップ業界の競争が促進され、十分な体制を構築できない会社は淘汰されていくと考える。そして、競争が進んだ後においては、体制整備義務は大規模乗合代理店にとって従属すべき保険会社を不要とし、独立の関係を確立する根拠となっていくであろう。すなわち、銀行

---

[14] 来店型ショップ大手の「ほけんの窓口」は2000年から来店型保険ショップを展開している。2015年8月時点の所属保険会社数は生命保険会社24社、損害保険会社16社である（同社ホームページより）。また、同社の2014年6月期の店舗数は541、生保の新契約高約は2兆3,000億円であった（「来店型保険ショップの現状と展望」『保険規制問題研究所シンポジウム』（2014）ほけんの窓口グループ株式会社　代表取締役社長　窪田泰彦氏の講演より）。なお、同期の富国生命、アイエヌジー生命の新契約高はそれぞれ1兆5897億円、2兆1641億円であり、生命保険会社の新契約高で15番前後に相当する。

窓販において銀行と保険会社の関係が独立であるのと同様の関係を、来店型保険ショップにおいても構築していくことになる。

　改正法の影響を検討するうえで注目すべきもう一つのことは、大規模乗合代理店による不都合・不適切な募集行為の具体例が報告されていないにも関わらず、体制整備義務が設けられたことである[15]。つまり、実例に接するまでもなく、大規模乗合代理店が発達すると不都合・不適切な募集行為が頻発することになるとのコンセンサスが保険WGおよび規制当局にあったことを意味する。銀行窓販では、業績の拡大とともに不都合・不適切な募集行為による苦情が寄せられ、独自の規制が実施されたことが要因であろう。しかしながら、現在も大規模乗合代理店による不都合・不適切な募集行為の具体例が報告されていないという事実は、大規模乗合代理店の適正な発展を予感させるともいえる。

3．銀行窓販での経験

　銀行代理店も大規模乗合代理店の一種ではあるが、金融機関の影響力の大きさ、そして比較的新しいチャネルであるので、大規模乗合代理店とは別種の販売形態として分類されることが多い。また、銀行法による規制を受けていること、および規制緩和に長い年月と多くの議論を要したことも分別して扱われる一因であると考えられる。

　本章では、比較推奨を行う大規模乗合代理店に先行して、業績が拡大し、独自の規制が設けられている銀行窓販を俯瞰する。

---

[15] この点については、多くのワーキング・グループのメンバーから報告されている。（例えば、須崎（2014）、17頁）

3.1. 銀行窓販に係る規制と業績

本節では、保険商品の銀行窓販に係る規制緩和・強化の変遷、業績の推移、および消費者からの苦情をたどる。

日本版金融ビッグバン構想は 1996 年に発表されたが、同年に発表された経済審議会「我が国金融システム活性化のために」では、「金融商品あるいは保険商品のクロス・セリングについても大幅に規制緩和を行う」とされた。しかしながら、1990 年後半は、バブル経済の崩壊で日本経済は低迷しており、生命保険業界も逆ザヤ問題に苦しんでいた時期であった。このような状況下で、銀行と保険の相互参入に係る規制緩和は先送りされ、2001 年以降、第二次金融ビッグバンのプログラムの一環[16]として、銀行窓口での保険商品の販売が暫時認められていった。

このうち、2002 年 10 月の個人年金保険等の解禁が銀行窓販の拡大につながり、2007 年 12 月の規制緩和が全面的な開放であった。すなわち、1996 年の日本版金融ビッグバン構想の公表から、実質的な解禁まで 6 年、全面実施までに 11 年の歳月を要したこととなる。

---

[16] 第二次金融ビッグバンとは、2002年以降に順次実施された銀行・保険・証券に係る規制緩和を指す。日本版金融ビッグバンとは1996年に構想が発表され順次実施されたが、これと区別するために第二次と称されている。代表的なものとしては、銀行による保険の窓口販売、投資信託の販売、株式の仲介および日本版４０１Ｋ（個人型確定拠出年金）制度の実施があげられる。なお、銀行窓口での投信・株式の仲介は 1998 年 12 月に先行して認められた。

(表5) 銀行窓販の規制緩和の推移

実施時期	販売が認められた保険種類
2001年4月	住宅ローン関連信用保険、長期火災保険、債務返済支援保険、海外旅行傷害保険
2002年10月	個人年金保険、財形保険、年金払積立傷害保険、財形傷害保険
2005年12月	一時払終身保険、一時払養老保険、保険期間10年以下の平準払養老保険（法人契約を除く）、貯蓄性の生存保険、積立傷害保険、積立火災保険、個人向賠償保険
2007年12月	定期保険、平準払終身保険、長期平準払養老保険、医療・介護保険、自動車保険

（出典）金融庁HPより引用し筆者作成

　次に、銀行窓販の典型的な成功例である変額年金販売の業績の推移をみる。1999年に発売された変額年金は、2002年の銀行窓販解禁によって市場が開拓された。実際、銀行窓販解禁から3年後の2005年には4兆円規模の市場に拡大した。そして、2008年のリーマンショックを契機に市場から退出する保険会社が相次ぎ、3年後の2010年には市場はほぼ消滅した。

　金融危機により変額年金を提供する保険会社が減少するなかで、変額年金に替わり銀行窓販の中心的な商品となったのは、加入時にすべての保険料を払い込む定額終身保険（以下、「一時払終身保険」という）である。一時払終身保険の利回りは変額年金の期待利回りに比べると低いが、受取額が保障されていることが特長である。一時払終身保険は銀行窓販のために開発されたものではない。その概念は過去からあるが、従来の販売チャネルでは一時払に対するニーズはみられず、実際に販売されたことはほとんどなかった。一時払終身の銀行窓販による業績の推移には興味があるが、ディスクローズ

されていないので分析することができない[17]。

(図1) 変額年金の新契約高推移

(単位：億円)

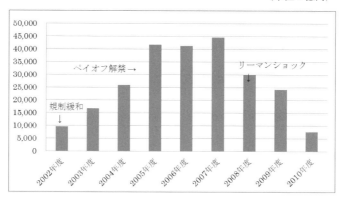

(出典)「生命保険事業概況」(生命保険協会) より筆者作成

　銀行窓販による業績の拡大、取扱商品の増加に伴い、銀行窓販に関わるトラブルも増加しており、消費者から多くの苦情が寄せられている。実際、全国消費者生活相談員協会の公表資料によると「個人年金保険の銀行窓口販売に関するトラブルは高齢者を中心に相談が倍増（2009年7月22日）」、「銀行窓口で勧誘された一時払終身保険に関するトラブルとして高齢者への不適切な勧誘が急増（2012年4月19日）」している。これらは同時期に他の販売チャネルでのトラブルが増加していないことと対照的である。

　預金受入れや貸付業務を行っている銀行は、顧客に対し強い影響力を持っていると考えられる。銀行がその影響力を保険販売に利用するのではないか

---

[17] 一時払終身保険は終身保険の一形態にすぎないので、その業績は終身保険と併せてディスクローズされており、一時払のみでは明らかになっていない。

という懸念から、2007年の銀行窓販の全面解禁時に、弊害防止措置として銀行による保険募集の際に次のような行為規制が設けられた。

（1）非公開金融情報保護措置、非公開保険情報保護措置（顧客が非公開にしている情報を営業活動に活用しない）（規則第212条第2項第1号）
（2）募集方針策定義務（規則第212条第2項第2号）
（3）法令遵守者、統括責任者配置義務（規則第212条第2項第3号）
（4）優越的地位の濫用防止（保険加入を融資条件とすることなどを禁止）（規則第234条第1項第7号）
（5）預金との誤認防止説明義務（銀行法規則第13条の5第1項）
（6）生命保険募集制限先の規則（規則第212条第3項第1号）
（7）融資担当者分離規制（規則第212条第3項第3号）
（8）タイミング規制（規則第212条第2項第2号）

また、銀行は、生命保険会社に対して強い影響力をもち過去において銀行からの強い要請が保険会社の財務健全性の毀損につながる事例が存在したことから、銀行に募集を委託する生命保険会社に対して次のような規制を設けている。

（1）委託方針を決め、銀行に支払う保険募集手数料を妥当な額（率）とする。
（2）委託先銀行の保険募集状況を的確に把握し、銀行などによる保険募集が保険会社のリスク管理能力を超えて著しく増大した場合は適切な対応を行う体制を整備する。
（3）保険契約締結後の顧客からの契約内容に関する照会、苦情・相談窓口が保険会社なのか銀行なのかを契約時に顧客に明示する。

3.2　銀行窓販の展望

本節では、金融業WGの報告書を引用することによって、個人向け金融サ

ービス拡大の一環としての銀行窓販の推進について明らかにする。金融業WG は、我が国金融業が直面する現状を踏まえ、中長期的な展望をまとめた報告書を 2012 年 5 月に発表した。金融業 WG は、規制の在り方を検討する保険 WG とは性格が異なり、その目的は、「我が国金融業が、中長期的に、実体経済を支え、かつ、それ自身が成長産業として経済をリードしていくために、論点を検討する」[18]とされている。

金融業 WG の報告書は銀行業に関するものが中心となっているが、消費者ニーズに合致した個人向け金融サービスの提供が、金融機関が成長産業に変貌するためのエンジンになりうるとの認識を示している。そして、個人向け金融サービスの一つとして保険販売があげられている。

このようなコンテクストにおいて、金融業 WG の報告書には保険事業に関わる興味深い記述がみられる。まず、現状認識として、「少子高齢化の進展などを受けて、我が国経済社会が大きく構造変化をしていくなか、個人向け金融サービスは金融業にとって最も重要な分野になりつつある」「我が国金融機関が、今後、少子高齢化社会の個人顧客を満足させられるような市場を創造できれば、将来、同様のステージを迎えるであろう諸外国に対し、金融サービスの面でもフロントランナーになる潜在的可能性がある」[19]としている。

一方で保険販売に係る懸念事項として 2 点あげている。少々長いが、示唆に富んでいるので引用する。

「金融サービスの製販分離の在り方を見直していくことも重要である。金融業においては、これまで、投資信託や保険に関して製販分離が進展している。(中略) 財やサービスの開発について、高い営業力を有する販売会社の

---

[18] 金融業 WG 報告書、31 頁
[19] 金融業 WG 報告書、17 頁

意向が財やサービスの開発過程に反映されやすくなる。この結果、顧客満足を長期的に維持することよりも、当該販売会社の手数料収益を短期的に拡大していくことが優先される傾向が生じ得る。」[20]

「保険や投資信託の販売は、販売会社（銀行等を含む）にとって収益機会が大きいため、ともすれば販売会社側の事情により取り扱う商品が限定され、顧客側に適切な選択肢が与えられていない懸念などが指摘されている」[21]。

そして、課題への対応としては、次のような項目があげられている。

「運用・開発者と販売者の連携の在り方について、顧客にとって真に必要な商品・サービスが適切に供給されているかという観点から検討していくことが重要である。特に、保険会社と保険代理店の間における連携については不断のチェックが必要であろう。」「個人向けサービスについては、販売チャネルの在り方が重要な意味を持つ。（中略）保険においても、営業職員・代理店を中心としたチャネルから、ダイレクト系のチャネルなどへと販売チャネルの多角化を進める動きが活発化しつつある。（中略）生活者たる個人のニーズに最も適合した販売チャネルの構築に向けた努力が期待されるところである。」[22]

このように銀行窓販は、規制緩和後、販売業績に拡大・縮小が見られる他、不適切な販売実態が見られるなどの弊害がみられるものの、我が国の成長を支える産業としてとらえられている。消費者にとって、全国に店舗を展開している銀行は保険商品購入におけるアクセスが良くかつ信頼性が高いので、相談がしやすい募集機関として今後の拡大が期待される。

---

[20] 金融業 WG 報告書、22 頁
[21] 金融業 WG 報告書、18 頁
[22] 金融業 WG 報告書、22 頁

4．大規模乗合代理店の展望

　本章では本稿のまとめとして、保険募集人に対する改正法の影響に関する考察および銀行窓販の現状と展望をもとに、大規模乗合代理店の将来を検討したうえで、適切な発展をとげるための提言を行う。

4.1　保険業における製販分離の進展

　金融業 WG 報告書では、「金融サービスの製販分離の在り方の見直しが重要である」[23]と主張しているが、同様に大規模乗合代理店の適切な発展のために製販分離の在り方の見直しは必要である。本節では、保険業の製造・販売の特徴および製販分離の在り方について検討することで、製販分離の進展と保険募集人の独立性の確保は同義であることを明らかにする。

　いくつもの商品を比較し、専門家からアドバイスを受けたほうが、自らのニーズに適したものを購入できる蓋然性が高い。この点において、比較推奨販売を行う募集機関の適切な発達は顧客利益の拡大につながる。改正法による体制整備義務の趣旨のひとつは大規模乗合代理店による不適切な募集行為を規制することであるが、大規模乗合代理店が適切な発展を遂げるためには、併せて製販分離の進展も重要である。

　製販分離は、多くの製造業者が各種の商品を製造し、多くの販売業者がそれらを販売する構造である。一般に、製造者側に製造物の品質、卸売価格に関する決定権があり、販売者は製造者・製造物を選択する権利と販売価格の決定権を有している。この関係において、販売者が売りたい商品を積極的に販売するのは当然の行動である。例えば、スーパーでもっとも目立つ棚に特売商品が陳列されている。

---

[23] 金融業 WG 報告書、22 頁

代理店による保険営業は、損害保険会社、損保系生保、および多くの外資系生保にとっては主たる営業チャネルである。代理店による保険募集は典型的な製販分離モデルであり、保険商品においても製造者と販売者の関係は一般的な商品の場合と同一であるはずだが、保険商品の特性によって惹起される二つの特性がある。

　まず、製造者・販売者と消費者が有している情報が非対称であることである。保険商品は他の商品と較べ複雑で不確実であり、一般の消費者にはどの商品が自らのニーズと合致しているか判断がつきにくい。このため、ニーズに合った保険商品を選択するために販売者による情報提供と助言が必要となる。従って、販売者に適切な募集行為を強く求めることとなり、監督当局による規制が正当化される。従来の法規制は保険会社と保険募集人の関係は同一または従属として製販分離を想定していないので、通常、販売者が有している販売価格の決定権が保険募集人にはない。保険商品の販売価格は監督当局の認可によって定まり、保険募集人の判断が入る余地はない。また、卸売価格という概念がなく、保険会社が定めた手数料（率）に基づき保険募集人の利益が定まる。

　もうひとつの特徴は、製造者である保険会社は財務の健全性の維持が強く求められることである。保険商品には、その製造時期と販売時期が逆転する特性がある[24]。保険商品の効果は保険事故が発生したときに現れるので、約定した保険給付を全うするために財務の健全性の維持は保険経営の重要な要素となっている。一方、保険会社から独立の関係にある大規模乗合代理店は、健全性維持の義務から解放された存在である。この点において、大規模乗合代理店は、保険会社と一体または従属であることを前提としている従前の保険業法で想定される保険募集人とは異なる存在であり、法規整上では保険会

---

[24] 大塚(2015)、62頁

社から募集に係る機能を分割したものということができる。

　完備な市場において製販分離を前提とすると、販売者は、製造者と消費者の中間に位置し、消費者に最適の商品を提供し、消費者のニーズを製造者に伝えていく存在である。販売形態の多様化と保険募集人の独立性の確保は、競争原理を導入し通常の製販分離体制の確立を促すことになる。このような動きは、製造業から分離独立した保険販売業の確立につながるものと考える。

4.2　競争の促進と顧客利益の拡大

　大規模乗合代理店は、今後その業務の規模・特性に応じ体制を整備することになる。そして銀行が既にそうであるように、保険業から独立した保険販売業として、かつ個人向け金融サービスの提供者としての地位を確立していくことが期待される。独立性の確保は、大規模乗合代理店が顧客のニーズに最適な保険商品を提供することを容易にし顧客の利益の拡大につながる。

　保険 WG では、体制整備義務拡大の必然性に関し「現在では乗合代理店、金融機関代理店を中心に、数百に及ぶ店舗で保険募集を行うものなど大規模なものが出現している」という認識を示している[25]。これらの代理店は、保険会社とは独立の存在として、顧客のニーズを踏まえ自らの判断により独自の販売プロセスを構築し発展している。そのうえで、保険 WG 報告書では、比較推奨販売が今後も拡大するであろうとして、顧客の誤解の防止、比較推奨の質の確保を通じて、募集活動の適切性を確保することが肝要であるとしている。

　保険 WG、金融業 WG のいずれも手数料の多寡で推奨する保険商品を選択する代理店の存在を懸念しているが、筆者は異なる見解を有している。同じ商品体系・給付で保険料も同一であれば、推奨する商品を手数料の多寡で選

---

[25] 保険 WG 報告書、17 頁

択することは当然といえるが、現在では保険会社各社は独自の給付の開発に工夫を凝らしており、それらを比較するインターネットサイトも発達している。大規模乗合代理店のさらなる大型化が進むと考えられるなかで、消費者の信頼性の確保より収入増を優先する代理店は淘汰されるであろう。さらには、顧客のニーズと意向を尊重した販売をおこなう大規模乗合代理店は、適切な保険商品を選択するだけでなく、財務の健全性に問題のある保険会社の商品を推奨することは控えるはずである。すなわち、大規模乗合代理店の独立性が高まっていくことによって、大規模乗合代理店による保険会社の財務健全性に対する監視機能を期待することできる。

さらには、大規模乗合代理店の成長による製造・販売の機能分離は、保険料の自由化を進めていくきっかけになると考える。手数料の開示は、大規模乗合代理店が比較推奨する際に手数料の多寡によって推奨商品を選択する可能性を排除するためにある。しかし、保険会社と大規模乗合代理店の関係が独立であるならば、保険会社と大規模乗合代理店の間で約定するいわゆる卸売価格を認可事項とするだけで、保険料規制の趣旨は満たすことができる。なぜならば、財務健全性の維持を目的とする保険料規制は、大規模乗合代理店には不要であるからである。また、現在の保険料に係る認可事項は、予定死亡率・予定事故発生率と予定利率のみで、予定事業費率は対象外である。つまり、純保険料のみが規制の対象であり、保険募集人が独自の判断で営業保険料を定めることは禁止されていない。むしろ、独占禁止法の観点からみると保険会社による販売価格の維持の強制行為であるといえる。

4.3 大規模乗合代理店の適切な発展に向けて

大規模乗合代理店が自らの経営判断で販売価格である営業保険料を定めることができるようになれば、大規模乗合代理店は顧客サービスと自社利益の最適化を図ることができる。また、市場原理に基づく価格競争が行われる

ようになれば、顧客にとっては選択の幅が広がる。すなわち、保険料規制を存続し新たに手数料の開示義務を課すことより、販売価格の自由化を進める方が顧客利益の拡大に資するものである。本節では、本稿のまとめとして、大規模乗合代理店の適切な発展に向けた提言を行う。

保険市場が市場原理に従うものへ変貌し、規制強化から自由化（＝規制緩和）へと対極へ遷移していくためには、大規模乗合代理店がその発展の過程において顧客からの信頼を確保することが要件となると考える。

顧客からの信頼は、保険会社のためではなく自分のために行動しているという認識によって拡大する。そのために、顧客の意向を汲み取りニーズに適した商品を提供することはもとより、健全性に問題のある会社の商品を推奨しないことが求められる。社会の公器として保険会社に規律を与えることは、バーゼル規制およびソルベンシーマージンⅡにおける三つの規律の柱のうちの「社会からの規律」の役割を果たすことになる。「社会からの規律」は格付け機関やマスメディアに影響されて消費者が会社を選択すると考えられていたが、募集機関の行動が保険会社への早期警戒機能として、消費者を保険会社の経営危機から保護することにつながる。

これに加えて、顧客からの信頼を担保するものとして、透明性の確保、すなわち、適切なディスクロージャーおよび仲立人と保険募集人の違いの明確化があげられる。特に、大規模乗合代理店自身の業績・財務状況を含めた会社情報の開示は透明性の確保には欠かせない要素であると考える。

改正法で新たな規制の対象となった大規模乗合代理店は、銀行とともに保険会社から独立した保険募集人として発展していくものと期待される。また販売形態の多様化のためにも、大規模乗合代理店の適正な発達が求められる。今般の法改正によって、大規模乗合代理店は顧客の信頼をさらに獲得していくことを期待する。

補論　保険募集人の分類

保険募集人には、保険業による定義と実際の販売形態によって分類することができる。まず、保険業法における保険募集人の定義を確認する（法第2条）。保険の募集とは「保険契約の締結の代理または媒介」をいう。そして、生命保険募集人とは、生命保険会社の役員、使用人、委託を受けたもの、その役員、使用人としている。また、損害保険募集人とは、損害保険会社の役員、使用人、損害保険代理店、その役員、使用人とある。なお、生命保険募集人に関して、代理店の定義はないが、生命保険会社から保険募集の委託を受けたものが生命保険代理店であり損害保険代理店と差異はない。すなわち、生損保とも保険募集人とは保険会社の役職員、代理店とその役職員をいう。なお、生命保険募集人と損害保険代理店には内閣総理大臣の登録を受ける義務（法第276条）があり、損害保険代理店の役職員には内閣総理大臣へ届け出る義務（法第302条）がある[26]。このほかに、保険募集人ではないが、保険会社と保険加入者の中間に位置し保険契約締結の媒介を行うものとして保険仲立人が定義されている。

（図2）保険業・保険募集人の分類

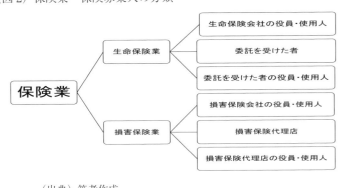

（出典）筆者作成

---

[26] 損害保険会社の役職員には登録、届出の義務はない。また、少額短期保険会社にも同様の規定がある。

次に、保険募集人をその特性、販売形態によって区分する。保険代理店の特性に注目すると2種類の区分がある。すなわち、保険販売を専業とする「専業代理店」と自動車ディーラー、不動産会社、旅行代理店等が主たる業務に付随して保険販売も行う「兼業代理店」に区分される。なお、銀行、証券会社は後者に含まれる。また、それぞれの代理店は、保険会社1社から委託を受けている「専属代理店」と複数の保険会社の委託を受けている「乗合代理店」がある。これらを図にまとめると次のようになる。

（図3）保険募集人の区分

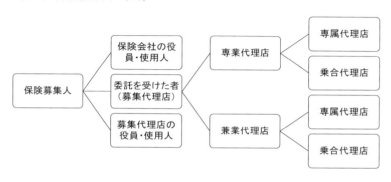

（出典）筆者作成

次に、保険の販売形態に注目して保険募集人を分類する。保険会社が直接顧客に販売する場合と保険募集人を通じて販売する場合に保険募集人を分類すると保険業法における保険募集人の定義と一致する。これを顧客とのインターフェースの取り方によって分類すると、保険会社または保険募集人が顧客を訪問して販売（以下、「訪問販売」という）、保険会社または保険募集人の店舗を顧客が来店することで販売（以下、「来店販売」という）、特段の面談を伴わないで販売（以下、「ダイレクト販売」という）の3種類に区分することができる。すなわち、保険募集人は募集する主体で保険会社自身（保険会社の役職員）と代理店（およびその役職員）に大別することができ、

それぞれを顧客とのインターフェースで3種類に区分することができるので、保険の募集形態は6種類（＝2×3）に分けることができる[27]。

<参考文献>

- 井上亨（2014）「平成26年保険業法改正における保険募集規制の見直し」『生命保険論集』第188号、pp91-130
- 大塚忠義（2014）『生命保険業の健全経営戦略　財務指標とリスク測定手法による早期警戒機能』日本評論社.
- ――（2015）「経済価値に基づくソルベンシーマージン規制の必要性」『早稲田商学』第443号, pp61-86.
- 須崎博史（2014）「新しい保険商品・サービス及び募集ルールの在り方について　～金融審議会「保険商品・サービスの提供等の在り方に関するワーキング・グループ」報告書の概要～」『生命保険論集』第187号、pp1-38

---

[27] その他に、その存在が大きいので別に検討するべきである銀行と保険会社から募集の委託を受けていない保険仲立人を加えると8種類存在する。

保険募集チャネルの多様化と消費者ニーズ

崔　桓碩

1．はじめに

　保険募集に関する新たな規制が始まった。2013年6月7日に金融審議会の「保険商品・サービスの提供等の在り方に関するワーキング・グループ」が『新しい保険商品・サービス及び募集ルールのあり方について』という報告書を公表し、2014年5月23日には「保険業法等の一部を改正する法律」（以下、「平成26年改正保険業法」）が成立した。2年間の猶予期間を経て、2016年5月29日から施行・適用されたのである。

　保険業法改正の背景は、①保険商品の複雑化・販売形態の多様化、②「乗合代理店」（複数保険会社の商品を販売する代理店）等の出現、③海外展開をはじめとする積極的な業務展開の必要性のような保険会社を巡る経営環境の大きな変化に伴い、「新たな環境に対応するための募集規制の再構築」と「金融業の発展を通じた経済活性化への貢献」を図るためである[1]。

　さらに本稿の内容と関連する「新たな環境に対応するための募集規制の再

---

[1] 金融庁(2014)、p.1.

構築」については、①保険募集の基本的ルールの創設、②保険募集人に対する規制の整備、③保険仲立人に係る規制緩和が挙げられている。まず、保険の信頼性確保という観点から、保険募集の基本的ルールの創設としては、「意向把握義務」と「情報提供義務」が導入されることになった。また、保険募集人に対する規制の整備としては、一定以上の規模を有する保険募集人に対しても保険会社と同様に体制整備を義務付けることになった。そして、保険市場の活性化という観点からは、保険仲立人に係る規制緩和として、保険仲立人が「保険期間5年以上」の長期保険契約の媒介業務を行う場合に別途求められる当局の「認可制」を廃止することになった[2]。

要するに、募集チャネルの多様化による不適切な行為の禁止、独立系の保険代理店のコーポレートガバナンスの強化を図るため、新しい募集規制を構築することである。

本稿では、募集チャネルの多様化とそれに関する募集規制に焦点を当て、保険募集をめぐる新たな規制環境の変化について、海外の事例を参考にしながら、今後の課題を考察する。

本稿の構成は、第2節では日本における保険募集の現状を紹介する。生命保険業界と損害保険業界における募集チャネルの推移を調べ、平成26年改正保険業法との関連性を明らかにする。第3節では、海外における募集チャネルの動向と特徴について紹介する。募集チャネルに関する既存の研究を基に、先進保険市場である米国と英国の事例を挙げながら、募集チャネルがどのように変化してきたのか募集チャネルの変化パターンについて分析する。第4節では募集チャネルの多様化と消費者ニーズの関係について分析する。第5節では本稿を取りまとめ、保険募集に関する今後の課題について記述する。

---

[2] 金融庁(2014)、p.1.

2．日本における保険募集の現状

　保険会社における募集チャネルは、消費者が保険商品の契約に至るまで保険募集人と直接に対面するか否かによって、大きく対面チャネルと非対面チャネルに分類できる。たとえば、対面チャネルとしては、営業職員、代理店、仲立人などがある。そして非対面チャネルとしては、IT（情報技術）の発達に伴いTM（テレマーケティング）、DM（ダイレクトマーケティング）、インターネットなどがある。

　また、ある特定の保険会社と募集チャネルが委託の関係にあるのか、独立した存在であるのかによって、大きく専属チャネルと独立チャネルに分類できる。

　このような募集チャネル形態は、生命保険業界か損害保険業界かによって、消費者が利用する割合が異なっている。以下ではそれぞれに分けて、募集チャネルの現状を把握する。

2.1　生命保険業界における募集チャネル

（1）募集チャネル別の数

　生命保険業界における代表的な募集チャネルは、営業職員チャネルである。大正末期から昭和初期にかけて登場し始めた営業職員は、第2次大戦後に経済の急激なインフレ状況とデビットシステムの導入により、急増した。たとえば、1950年頃には約2万人程度であったが、1970年頃には約40万人まで20倍ほど増加した。しかし営業職員が飛躍的に増加する中で、営業職員の大量導入・大量脱落といった「ターン・オーバー」問題が発生し、それを解決するために行政当局は「募集体制整備改善三ヶ年計画」を実施した。この措置を受け、生命保険業界では、営業職員の量的増加ではなく、質的増加をは

かるようになった[3]。その後、営業職員数は全般的に減少傾向にあり、2014年基準で22万7,724人である。

図1 生命保険業界における募集チャネル別の推移

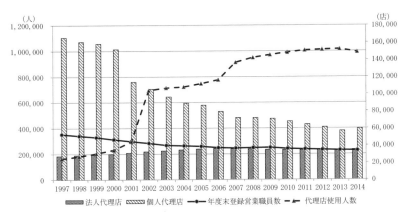

(出所) 生命保険協会『生命保険の動向(各年度版)』より筆者作成。

代理店は、さらに個人代理店と法人代理店に分けることができる。近年の傾向をみると、個人代理店は1997年の165,835店から2014年の59,700店へ急減しており、法人代理店は1997年の27,543店から2014年の35,218店へ増加している。その主な理由として、金融自由化に伴う募集チャネル間の競争強化により、他の募集チャネルに比較して効率性が低かった個人代理店は閉店するか法人代理店に移行するかの選択肢を選ぶしかなかった。その中で注目されてきたのが法人代理店の中でもいわゆる来店型乗合代理店である。

代理店使用人は、1997年には163,057人だったが、2001年の銀行窓販の解禁や、2007年の郵政民営化により、2014年には992,266人まで急激に増加し

---

[3] 江澤(2007)、pp.122-127.

た。

(2) 募集チャネル別の加入割合

　生命保険業界における募集チャネル別の加入割合は、営業職員が多くの割合を占めている。しかし、近年変化の様子をみせている。主要募集チャネルであった営業職員は減少傾向にあり、通信販売や銀行窓販、保険代理店などが増加傾向にある。

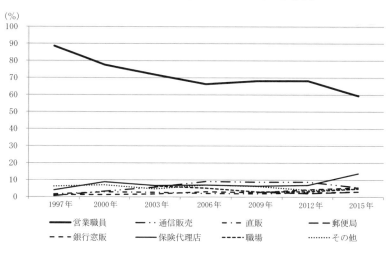

図2　直近加入契約の加入チャネル（生命保険）

（出所）生命保険文化センター
『生命保険に関する全国実態調査<速報版>(各年度)』より筆者作成

　その背景として通信販売の場合、2008年にインターネット専業生命保険会社としてSBIアクサ生命保険とライフネット生命保険が開業しており、他の募集チャネルより保険料が安く設計できるというメリットから若手消費者層を開拓した。2001年から段階的に解禁された銀行窓販の場合、銀行の窓口を

利用する顧客を対象に保険商品を紹介しやすいという利便性から中年層以上の消費者を開拓した。保険代理店の場合、企業のセキュリティ強化や共働き世帯の増加等により、営業職員では訪問が難しくなっている顧客層、または自分が直接代理店の職員から保険商品の説明を受けてから契約をする顧客層を開拓した。その中でも特に来店型乗合代理店（いわゆる来店型保険ショップ）が進展している。

2.2 損害保険業界における募集チャネル

（1）募集チャネル別の数

損害保険業界における募集チャネルは、大きく「代理店扱」、「保険仲立人扱」、「直扱」の3つに区分されており、その中でも代理店扱が主要な募集チャネルである。募集チャネルの数も代理店が最も多い。代理店チャネルは、さらに①専業・副業、②法人・個人、③専属・乗合に分類される。図3は代理店数の推移を示したものであり、1997年から減少し続けている。その背景として、代理店をめぐる環境の自由化と効率性にもとづく淘汰が繰り返されている結果であるとの指摘がある[4]。また特徴としては、個人代理店数と法人代理店数の逆転現象である。数としては両方減少しているが、個人代理店は1997年の456,597店から2014年の95,146店に急減しており、法人代理店は1997年の135,529店から2014年の109,844店に減少した。ようするに、個人代理店数が法人代理店数より3倍以上多かったが、2008年以降法人代理店数が個人代理店数を上回った。その理由として、個人代理店よりも、法人代理店の方が、事業の永続性、対外的な信用、使用人の雇用環境等が優れている[5]と言われている。

---

[4] 江澤(2007)、P.130.
[5] 江澤(2007)、P.132.

図3 損害保険業界における代理店の推移

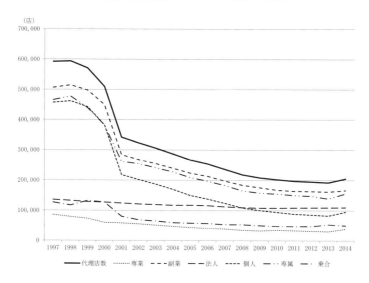

（出所）日本損害保険協会『ファクトブック日本の損害保険(各年度)』より筆者作成

保険仲立人は、1995 年に新しく導入されたが、その後大きな進展はなく、2015 年基準で 40 社程度である。また、企業保険中心で行われており、個人分野ではほとんど活用されていない[6]。そして、内勤職員による保険販売や、TM、DM、インターネットを利用した通信販売を含む直扱があるが、規模としては大きくない。

（2）募集チャネル別の割合

損害保険業界における募集チャネル別の元受正味保険料割合は代理店が圧倒的な割合を占めている。長期に亘って代理店チャネルはマーケットシェア90％以上を獲得しており、3つの募集チャネルにおいて大きな変化は見られ

---

[6] 金融庁(2013)、P.25.

ない。

図4　募集形態別元受正味保険料割合（損害保険）

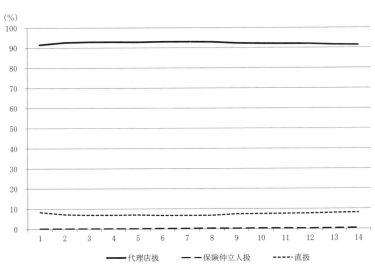

（出所）日本損害保険協会ホームページ
『募集形態別元受正味保険料割合表(各年度)』より筆者作成

　保険仲立人は、代理店とは異なり、保険会社から独立した存在ではあるが、代理店と同様に、保険会社から手数料が支払われる仕組みとなっているため、消費者側からみると両チャネルの区分が明確ではない特徴をもっている[7]。直扱は、インターネットチャネルが主流であり、金融自由化以降、1990年代から成長を続けてきたが、近年は伸び悩んでいる。

---

[7] ただし、「保険仲立人は、顧客から求められたときは、保険契約の締結の媒介に関して当該保険仲立人が受ける手数料、報酬その他の対価の額その他内閣府令で定める事項を、明らかにしなければならない。」と保険業法上に定められている(保険業法第297条)。

2.3 募集チャネルをめぐる「平成 28 年度改正保険業法」の主な論点

　以上では、日本の生命保険業界と損害保険業界における募集チャネルの現状について調べた。その結果、まず生命保険業界においては、営業職員がメインチャネルではあるが、2000 年からの来店型保険ショップ、2001 年からの銀行窓販、2008 年からのインターネットを利用した通信販売等が続々と登場することになり、営業職員による加入割合は減少の傾向をみせている。すなわち、生命保険業界では、改正保険業法で問題提起されている、乗合代理店（複数保険会社の商品を販売する代理店）等の出現により販売形態が多様化しており、消費者が新たな環境に対応するためには募集規制の再構築を図る必要性があると考えられる。

　その反面、損害保険業界においては、現在の代理店体制は堅調に推移しており、元受正味保険料基準で全体の 90％を占めている。保険仲立人と直扱は長期に亘って伸び悩んでいる。すなわち、損害保険業界では、改正保険業法における販売形態の多様化現象は見られない。ただし、チャネル間の競争が制限されている現状に鑑み、消費者の選択権を広げ、市場を活性化する観点から、保険仲立人に係る規制緩和といった募集規制の再構築の必要性は考えられる。

　そして、生命保険業界と損害保険業界との共通点として、個人代理店の減少と法人代理店の増加が挙げられる。個人代理店は一社専属の場合が多いため、乗合代理店に比較して、コスト面から効率性が低く、金融自由化によるチャネル間の競争強化は個人代理店の閉店の主な要因となった。また法人代理店の方は事業の永続性、対外的な信用等が個人代理店より優れているため、個人代理店から法人代理店への募集人の移動が活発に行われた。その結果、法人代理店の規模は大きくなり、その中でも注目を集めているのが来店型保険ショップである。来店型保険ショップの場合、1 社の保険商品ではなく複

数保険会社の商品を販売する乗合代理店であり、規模の成長とともに保険会社の統制が難しくなった。保険会社をコントロールすれば、募集チャネルもコントロールできると判断していた監督官庁の考えは、今は必ずしも一致していないことである。言い換えれば、以前は保険会社と募集チャネルとの関係は、保険会社への従属関係であったが、現在は一部大型化した乗合代理店の場合、対等関係であることを意味する。そこで、ある一定規模以上の乗合代理店に対して保険会社と同一の規制を適用しなければならない環境になったと考えられる。

　募集チャネルをめぐる以上のような規制構築の動きは、どのように消費者利益につながり、また今後どのような課題を抱えているのか。次節では、先行研究に基づいて募集チャネルモデルと保険先進国である米国と英国の生命保険業界における募集チャネルの動向と特徴について紹介する。

3．海外の事例を通じた募集チャネルの動向

3.1　市場成熟に伴う募集チャネルの変化

　保険業界における募集チャネルは消費者ニーズの変化とともに変化している。このような募集チャネルの変化は、日本のみの現象でもなく、他国においても類似な傾向をみせており、そこにはある一定のパターンを見出せる。Marshall（2014）によると、保険市場が成熟していく過程（新興国マーケットから統合金融サービスまで）を第1段階から第5段階に分け、各段階における重要イシューについて図5のようにまとめている。

図5　マーケット成熟モデルの例

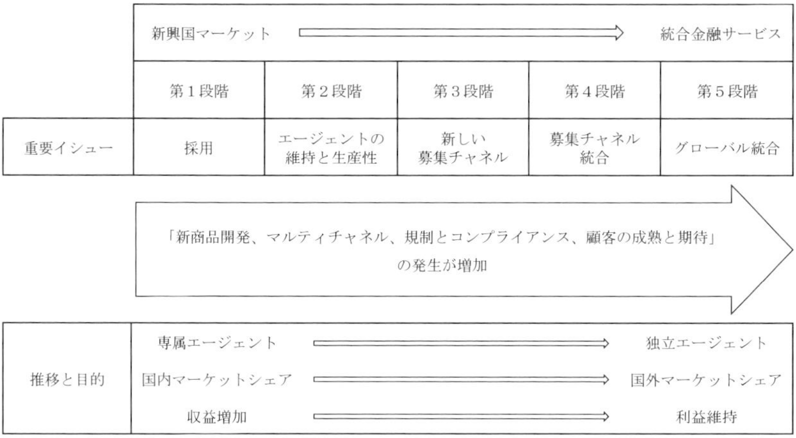

	新興国マーケット ⟹ 統合金融サービス				
	第1段階	第2段階	第3段階	第4段階	第5段階
重要イシュー	採用	エージェントの維持と生産性	新しい募集チャネル	募集チャネル統合	グローバル統合

「新商品開発、マルティチャネル、規制とコンプライアンス、顧客の成熟と期待」の発生が増加 ⟹

推移と目的	専属エージェント ⟹ 独立エージェント	
	国内マーケットシェア ⟹ 国外マーケットシェア	
	収益増加 ⟹ 利益維持	

（出所）Michael B. Marshall(2014)"Revisiting the laws of evolution"LIMRA's MarketFacts Quarterly, p.69.

　第1段階では専属の対面チャネルであるエージェント（営業職員）の採用が重要なイシューであり、第2段階ではエージェントの維持と生産性の向上がメインとなる。第3段階からは新しい募集チャネル、たとえばTM、DM、インターネットチャネル等が登場する。第4段階ではこれらの募集チャネルが国内で統合され、第5段階では国内のみでなく、グローバル的にも統合される傾向がある。

　また、市場成熟に伴う募集チャネルの変化は、専属エージェントから独立エージェントへ移動する傾向がある。たとえば、市場が成熟していくと共に、乗合代理店、仲立人、銀行窓販等のような独立チャネルが拡大する傾向をみせている。以下では、マーケット成熟モデルに基づき、先進国保険市場である米国と英国の事例を紹介する。

3.2 米国の生命保険業界における募集チャネルの変化

　米国の生命保険市場は個人保険分野の場合、伝統的に専属チャネルが中心であった。1840年代には家庭と職場を訪問して、対面で販売する保険代理人制度が導入された[8]。1990年代からは募集環境の変化とともに、専属チャネルに属していた専属代理人が所属会社からリストラされて独立チャネルに移動する現象が発生することにより、独立チャネルが成長し始めた。1998年以降独立チャネルの新契約占有率が専属チャネルより多くなり、現在までも独立チャネルが優位を占めている[9]。

---

[8] 米国において保険代理人制度が拡散した理由としては、主に相互会社が保険代理人を利用してからであるといわれている。たとえば、当時の生命保険会社は主に株式会社で資本をかけて広告、広報等のマーケティングを展開していたが、1840年代に登場した相互会社はそれほどの資本がなかったため、事業開始から販売活動に苦労しており、一定規模の現金が必要であった。したがって、保険販売活動を担当する保険代理人組織を結成し、対面販売を展開する戦略を採るようになった（Ahn、Kwon(2010））。
[9] Ahn、Kwon(2010)、pp.36-39.

表1　米国の生命保険業界における募集チャネルの変遷推移

区分	1990年代半ば以前 (専属チャネルが主導)	1990年代半ば〜2000年 (独立チャネルの成長期)	2000年以後 (複合チャネルの活用)
特徴	・専属チャネル体制 ・財物／終身保険中心 ・製造と販売の間における相互支援活動 ・独立チャネルは二次的チャネルとしての役割	・独立チャネルの活用は順次増加 ・変額、VULの活性化 ・開放型チャネル 　(Open architecture) ・専属代理人の構造調整	・独立チャネルの影響力が拡大 ・保険会社に対して独立チャネルの統制権が強化 ・専属チャネルへの回帰の動き(専属チャネルの強化)
成長戦略	・ベビーブーム世帯 ・大型代理店の人力プールが豊か ・伝統的保障性保険商品主導 ・専属チャネル主導のチャネル構造を確立	・独立チャネルの低い固定費 ・脱相互会社及び上場 ・独立チャネルの消費者志向性 ・商品構造の複雑性の増大 ・専属代理人の萎縮 ・規制強化、製販分離化 ・FP、PBの新規採用	・顧客志向商品、高手数料で独立チャネルの費用が増加 ・複合チャネル戦略の普遍化 ・ホールセールの強化 ・チャネルと顧客を組み合わせた商品戦略

(出所) Ahn、Kwon(2010)、p.40.

　独立チャネルの成長要因としては、2点ほど挙げられる。1つは、消費者ニーズの変化である。1980年代までは終身保険のような伝統的な保障性商品が中心であったが、1990年代に入ってからは高齢化の進展と株式市場の活況とともに年金への関心が多くなり、主力商品として位置づけられるようになった。保障性商品から年金商品への消費者ニーズの変化は、保険が金融商品に近づくきっかけとなり、今までの専属チャネルでのサービスのみでは消費者に商品を勧めるに当たって限界がある。消費者のニーズに合うより複雑で、

専門的な諮問の必要性が高まり、ある1社の商品のみを提供する専属チャネルよりは、複数の会社の商品を提供する独立チャネルが消費者のニーズに適切なチャネルとして認識されるようになったことも、独立チャネルの成長に大きな要因として作用した。

2つは、募集チャネルをめぐる規制の施行である。1999年にGLB法（Gramm-Leach-Bliley Act）の施行とともに、金融兼業化が本格的に始められた。これにより、独立チャネルとして銀行と証券ブローカー等を通じた保険および年金の販売が活発に行われるようになり、専属チャネルの割合は減っていくきっかけとなった[10]。

3.3 英国における募集チャネルの変化

英国の生命保険市場の場合、1986年に金融サービス法（Financial Service Act）が導入される前までは、募集チャネルに関する明確な区分は行われていなかった。主に専属チャネルと直販チャネルが中心で、独立チャネルは二次的チャネルとして役割を果たしていた。その後、1988年に消費者保護を目的として、両極化規定（Polarization rule）が導入され、生命保険業界における募集チャネルは保険会社の専属チャネルと独立金融アドバイザー（Independent Financial Advisors：IFA）に二極化した[11]。

---

[10] Ahn、Kwon(2010)、p.47.
[11] 不完全販売から消費者を保護するために、専属関係のないIFAは顧客の代理人として金融市場のすべての商品（Whole of market）を取り扱わなければならない。その反面、保険会社の営業職員や専属代理人（tied agent）は他の会社の商品を販売するのが禁止され、所属会社の商品のみ取り扱われることになった（Ahn、Kwon(2010)、p.72）。

表2　英国の生命保険業界における募集チャネルの変遷推移

区分	1988年以前	1988～2005年	2005～2012年	2013年以後
特徴	・専属代理人と直販チャネル中心 ・独立的な仲立人、副業代理人等は二次的チャネルとしての役割	・両極化規定（Polarization rule）導入後、生命保険業界における募集チャネルは専属チャネル(single-tied agent)と独立金融アドバイザー（IFA）に両分	・両極化規定の廃止に伴い、複数の保険会社の商品を取り扱うことができる乗合チャネル（multi-tied agent）が登場	・小売販売チャネル改革案（Retail Distribution Review）導入後、消費者の所得水準により、募集チャネルへの認識が転換

（出所）Ahn、Kwon(2010)、pp.72-80 より筆者作成.

　両極化規定の導入により、専属チャネルは多様化する消費者ニーズに対応が難しくなり、専属チャネルの使用人はリストラまたは独立チャネルへ移動した。その反面、複数の生命保険会社の商品を取り扱っているIFAへの需要は大きくなり、段階的に成長してきた。

　ところが、消費者側からみれば、専属か独立かという2つの選択肢のみしかないため、チャネル間の競争が制限されており、消費者保護にも問題が発生した。それで、2004年12月には両極化規定を廃止し、専属チャネル（single-tied agent）と独立チャネル（IFA）以外に、マルチ専属チャネル（multi-tied agent）が認められるようになった。マルチ専属チャネルは、専属チャネルとIFAの間に位置づけられており、最大6社までの商品を取り扱

うことができる[12]。

さらに2012年12月からは「小売販売チャネル改革案(Retail Distribution Review：RDR)」が適用された。主な内容は、商品の販売プロセスを諮問(アドバイス)と販売に分け、アドバイザーの仲介手数料を諮問料(fee)に転換することである。すなわち、商品提供業者からの手数料受取を禁止し、アドバイスサービスに関する報酬のみを受け取ることになった。またその際に、アドバイスサービスに対する報酬体系についても具体的に開示しなければならない。これはアドバイザーが高い手数料の商品を消費者に紹介することを未然に防ぐための政策である。

4．募集チャネルの多様化と消費者保護

4.1 募集チャネルの多様化要因

前節では、先進国保険市場として、米国と英国における募集チャネルの変遷過程について簡単にレビューした。そこで分かるのは、生命保険業界における伝統的な募集チャネルであった一社専属チャネルの影響力(数および割合の面から)は減少し、他社乗合の独立チャネルが成長したことである。現在、日本の生命保険業界は米国と英国の事例と類似しており、マーケット成熟モデルに基づくと、今後、独立チャネルはさらに成長していくものと予想される。

また、このような募集チャネルの変化に最も大きな影響を与えるのは、消費者ニーズの変化および多様化である。保険に関する消費者ニーズの動向は、

---

[12] 保険市場でマルチ専属チャネルが登場した背景として、商品の単純化および規格化が挙げられる。たとえば、管理年金(stakeholder pension)と規格化個人貯蓄口座(CAT individual saving account)のような商品があり、既存の商品より手数料が低く、比較的に消費者においても理解しやすかった(Ahn, Kwon(2010)、pp.72-78)。

所得水準の向上に伴い、死亡したときの保障より、生存しているときの保障を重要視している。家計経済水準の平均的な上昇は、経済を担う人の死亡に伴う家計の諸リスクを軽減させる。その結果、死亡するときの保障ではなく、生存しているときの保障に関心が寄せられた。実際に消費者の生命保険に関する加入目的をみると、「万一のときの家族の生活保障のため」より、「医療費や入院費のため」の割合が近年高くなっていることがわかる。生存保障の場合、人生には様々なイベントがあり、それぞれの消費者ニーズに応え、諸リスクを保障するために、商品は一層複雑になる傾向がある。それは米国の事例からもみられるように、消費者に対して商品をより専門的に説明する必要性が高まり、1社専属チャネルよりは、複数会社の商品を提供する独立チャネルの方が消費者ニーズに適切なチャネルとして認識されている。

表3 直近加入契約の加入目的（生命保険）

(単位：%)

	医療費や入院費のため	万一のときの家族の生活保障のため	万一のときの葬式代のため	子どもの教育・結婚資金のため	災害・交通事故などにそなえて	老後の生活資金のため	貯蓄のため	介護費用のため	万一のときのローン等の返済のため	相続および相続税の支払を考えて	税金が安くなるので	財産づくりのため	土地・家屋の取得・増改築のため	その他	不明
平成27年調査（平成22～27年に加入）	58.5	53.1	13.0	7.9	7.7	7.7	6.1	2.9	1.9	1.8	1.5	1.2	0.4	0.7	0.5
平成24年調査（平成19～24年に加入）	59.6	51.7	13.7	8.6	8.8	8.6	6.7	3.1	1.9	0.8	1.4	0.9	0.1	1.5	0.7
平成21年調査（平成16～21年に加入）	59.7	53.8	13.1	9.2	12.0	8.2	4.6	2.8	2.7	0.9	1.9	0.9	0.3	0.9	1.1
平成18年調査（平成13～18年に加入）	59.5	54.4	12.8	7.2	14.1	7.9	4.9	3.3	2.6	0.7	1.3	0.3		1.5	0.9
平成15年調査（平成10～15年に加入）	56.3	60.5	12.5	10.9	19.4	8.9	7.1	4.4	2.9		1.8	1.1	0.3	0.7	0.3

(注) 複数回答

(出所) 生命保険文化センター『平成27年度生命保険に関する全国実態調査＜速報版＞』、p.43.

その他に、募集チャネルの変化に影響を与えるのは、保険に対する消費者の信頼である。過去に亘り、生命保険業界においては、量的成長を追求した結果、消費者に対する不十分な商品説明、銀行窓販における圧力販売等のいわゆる不完全販売が問題として指摘されていた。また不払い問題等の発生は保険会社および既存の募集チャネルに対する消費者の信頼を低下させる要因となった。その結果、より消費者中心の新しい募集チャネルへの期待が高まっていると考えられる。

4.2 募集チャネルの規制要因

募集チャネルが多様化している中で重要なのは、保険商品に関する正しい情報が消費者に正しくつながることである。消費者の観点からは、個人のライフステージに従い、最も適切な商品が選びたいというニーズが生じる。これに対し、さまざまな募集チャネルが消費者に最も適切な商品を紹介し、分かりやすいように説明できるのが重要である。

そもそも募集チャネルと消費者の間には情報の非対称性が存在する。情報の非対称性により、募集チャネルの優位な立場からは「不完全販売」が発生し、消費者の優位な立場からは「逆選択」が発生する。不完全販売の問題と逆選択の問題を解消し、公正な保険市場を維持するためには、それぞれの立場から発生する情報の非対称性を適切に規制しなければならない。

前節で紹介した英国の場合は、1988年に両極化規定（Polarization rule）が導入され、また2012年12月からは小売販売チャネル改革案（Retail Distribution Review：RDR）を適用するなど、不完全販売を解消し、消費者を保護ための規制政策を他国より積極的に実施している。

日本の場合は、平成28年度改正保険業法の施行を予定しており、その主な内容は、保険募集に関する基本的ルールの創設と保険募集人に対する規制の整備を行い、新たな環境に対応するための募集規制を再構築することである。

具体的には、意向把握義務と情報提供義務の導入、そして一定以上の規模を有する保険募集人に対しても保険会社と同様に体制整備を義務付けることである。監督当局によるこのような規制は、保険会社および募集チャネルによる不完全販売の問題を解消し、消費者を保護するための政策である。

5．おわりに

　消費者ニーズの変化に伴い募集チャネルも多様化している。特に生命保険業界においては、銀行窓販、インターネットのような通信販売、来店型ショップ等の乗合代理店のチャネルが業績を伸ばしている。その中でも銀行窓販と乗合代理店のような独立チャネルの成長が目立っている。独立チャネルの場合、複数保険会社の保険商品を取り扱っているため、消費者側からは商品選択の幅が広いのがメリットとして言われている。

　専属チャネルから独立チャネルへの募集チャネルのシフトは、日本のみの現象ではなく、保険先進国でも共通的に観測できるものである。特に本稿で取上げた米国と英国の事例は日本と類似しているところが多いと考えられる。

　しかし、特に大型乗合代理店に関しては、監督当局が従来想定していた、ある特定の保険会社が保険募集人の業務の全容を把握し、管理・監督を行うという考え方が必ずしも当てはまらない場合が発生している[13]。募集チャネルの多様化は、同時に募集チャネル間の競争強化を意味するなかで、業務の全容が把握できない大型乗合代理店の場合は、不完全販売の可能性が多くなり、消費者の被害が増加する恐れがあるため、適切な募集規制を図る必要性があるということが平成26年度改正保険業法の主な論点である。

---

[13] 金融庁(2013)、p.8.

募集チャネルが多様化している中で重要なのは、不完全販売を最小限に収め、消費者を保護することである。監督当局において、募集チャネルの規制は、消費者中心の保険市場を形成することで重要な役割を果たすべきである。また、監督の基準も明確化する必要がある。たとえば、保険商品のうち不完全販売の割合を指数化して、保険会社および乗合代理店といった募集チャネルがその結果を定期的に監督当局へ報告することを義務付け、また消費者も判断できるように情報開示するような政策も必要であると考えられる。

　最後に、江澤（2014）は、合理的な保険購入のための要件として、「顧客が十分なソルベンシーを有する保険会社から、自らのニーズに合致した保険種類を、自らの必要保障額に見合う保険金額だけ、しかも可能な限り安価で購入する」が重要であると挙げている。すなわち、募集ルールのあり方については適合性原則に沿った募集活動が重要であり、それがどの程度まで守られているのかが重要である。

<参考文献>

江澤雅彦(2007)「第8章保険の販売チャネル」『保険論(大谷孝一編著)』成文堂、pp.121-138.

江澤雅彦(2014)「保険募集規制の展望-『WG報告書』をめぐって-」『早稲田商学』第439号、pp.271-290.

金融庁(2013)「新しい保険商品・サービス及び募集ルールのあり方について」『保険商品・サービスの提供等の在り方に関するワーキング・グループ』(平成25年6月7日).

金融庁(2014)『保険業法等の一部を改正する法律の概要』

生命保険協会『生命保険の動向(各年度版)』

生命保険文化センター『生命保険に関する全国実態調査<速報版>(各年度)』

日本損害保険協会『ファクトブック日本の損害保険(各年度)』

日本損害保険協会ホームページ『募集形態別元受正味保険料割合表(各年度)』『保険業法』

안철경, 권오경(Ahn、Kwon)(2010)『独立販売チャネルの成長と生命保険会社の対応』保険研究院.

Michael B. Marshall(2014)"Revisiting the laws of evolution"LIMRA's MarketFacts Quarterly.

委託型募集人の適正化
－新たな保険募集体制の構築－

内藤　和美

1．はじめに

　わが国の保険募集チャネル構成の特徴として、損害保険分野では、代理店が最大の保険募集チャネルであり、チャネル別構成比の約9割を代理店扱が占めている[1]。一方、生命保険分野では、伝統的に主たる募集チャネルは営業職員であるが、平成7年の保険業法改正に伴う生損保相互参入や平成13年以降の銀行窓口販売の解禁により、生命保険を販売する代理店数は増加傾向にある[2]。さらに近年は、主に生命保険商品の比較推奨販売を行う乗合代理店としていわゆる「来店型ショップ」が台頭しており、生命保険分野において、

---

[1] 日本損害保険協会『ファクトブック2015　日本の損害保険』、2015年、71頁（2014年度の募集形態別元受正味保険料割合は、代理店扱が91.4％（8兆5,314億円）、直扱が8.1％（7,539億円）、仲立人扱が0.5％（456億円）となっている）。
[2] 日本生命保険・生命保険研究会〔編著〕『保険の法務と実務〔改訂版〕』金融財政事情研究会、2011年、563頁。

代理店チャネルは営業職員チャネルに次ぐ存在となっている[3]。

本稿で取り上げる「委託型募集人」は、平成7年の保険業法改正を嚆矢とする規制緩和により保険自由化が進展する中、損害保険業界における募集チャネル効率化の観点から、保険会社が代理店の集約化・大型化を図る過程で活用され、急激に拡大したものであるが、その後、生命保険業界でも「来店型ショップ」を中心として積極的に活用されるようになった。そもそも「委託型募集人」という「制度」はどこにも存在していなかったにもかかわらず、あたかも「制度」として存在するかのごとく[4]、いつしか保険募集の実務において大きな存在となっていったのである。

本稿は、損害保険分野のみならず生命保険分野においても、保険募集チャネルとしての代理店の重要性が増している状況において、この代理店チャネルの効率化ないしは大型化に一定程度寄与したといえる「委託型募集人」が、どのような経緯で登場し、活用がなされ、最終的には「適正化」を迫られるに至ったのかを保険募集規制の観点から概観することにより、代理店および保険募集人のあり方を改めて問い直すことを目的としている。

---

[3] 江澤雅彦「保険募集規制の展望－『WG 報告書をめぐって』－」早稲田商学第439号、2014年、1015-1017頁を参照。
なお、「平成27年度　生命保険に関する全国実態調査」によれば、直近加入契約（民保）（平成22～27年に加入）の加入チャネルは、「生命保険会社の営業職員」が59.4％（前回平成24年調査（平成19～24年に加入）では68.2％）と最も多く、次いで「保険代理店の窓口や営業職員」13.7％（前回は6.9％）、「通信販売」5.6％（前回は8.8％）となっている（http://www.jili.or.jp/press/2015/nwl10.html）。

[4] 栗山泰史「「制度」として「委託型募集人」を考える」インシュアランス損保版第4557号、10頁を参照。

2．保険募集規制の経緯（委託型募集人関連を中心に）

2.1 保険自由化とその対応

（1）平成7年保険業法改正前の保険募集規制

① 「保険募集の取締に関する法律」の制定

　「保険募集の取締に関する法律」（昭和23年7月公布・施行。以下、「募取法という。」）は、戦後の占領行政下における保険制度の改正の中で、保険募集に関する監督法規の単独法として制定されたものであり、いわば募集取締法の原点ということができる[5]。募取法第1条は、「この法律は、生命保険募集人及び損害保険代理店の登録をなし、それらの者の行う募集を取り締り、もって保険契約者の利益を保護し、あわせて保険事業の健全な発達に資することを目的とする。」と定めて、保険契約者の利益保護と保険事業の健全な発達を目的としていた[6]。

　募取法の下では、生命保険募集人は、「生命保険会社の役員（代表権を有する役員及び監査役を除く。）若しくは使用人若しくはこれらの者の使用人又は生命保険会社の委託を受けた者（法人でない社団及び財団を含む。）若しくはその者の役員（代表権を有する役員及び監査役を除く。）、管理人若しくは使用人で、その保険会社のために生命保険契約の締結の媒介をなすものをいう。」と定義され（募取法第2条第1項）、保険契約者保護の観点および保険業界における募集秩序維持の点から、いわゆる「乗

---

[5] 塙善多『損害保険代理店　100年の歩みと今後の展望』損害保険企画、1981年、132-133頁（当時、保険業法の改正が審議されていたが、独占禁止法に反する保険業法第11条の削除が占領軍司令部から指令されたことに伴い、業界における保険募集の紊乱に対処するため急遽制定されたという）。

[6] 落合誠一「募集制度」竹内昭夫編『保険業法の在り方・下巻』有斐閣、1992年、213頁。

合禁止」すなわち一人一社専属主義が定められた（募取法第10条）[7]。

一方、損害保険代理店については、「損害保険会社の委託を受けて、その保険会社のために損害保険契約の締結の代理をなす者（法人でない社団及び財団を含む。以下同じ。）で、その保険会社の役員又は使用人でないものをいう。」と定義され（募取法第2条第2項）、損害保険代理店がその役員または使用人に募集を行わせる場合には、届出が義務づけられた（募取法第8条）。また、募取法第8条にいう損害保険代理店の役員・使用人の要件に関しては、「登録代理店と雇用関係があって、且つ、常時登録代理店の営業所に勤務し、その代理店のために保険の募集に従事する者を言う。」（平成4年7月6日付蔵銀第1420号）として、「雇用関係」、「常時勤務」および「保険の募集」という三つの要件が示された[8]。なお、損害保険代理店には生保のような一社専属は法定されず、乗合が認められることになった。

② 損害保険業界における募集制度改善の検討[9]

昭和30年代後半以降、モータリゼーションの進展によって自動車保険の契約件数が急増するなど、家計分野の保険契約が増加する傾向が強まる中で、保険募集についてもこのような大衆化に即した対策をとることが急務となってきた。

昭和46年には、旧大蔵省から損害保険業界に向けて募集制度改善の検討項目が提示されたが、この検討事項の中には、代理店および使用人の免許制の導入とともに、総代理店制度および副代理店制度の導入が含まれてい

---

[7] 鴻常夫監修『保険募集の取締に関する法律』コンメンタール、財団法人安田火災記念財団、1993年、32-43頁および144-145頁。
[8] 『代理店の諸問題Q&A－代理店登録編－』損害保険企画、1993年、75-76頁（上記3要件に加えて、昭和48年4月から「募集従事前教育の終了」として「教育」が加わり、役員・使用人の4要件となった）。
[9] 保険毎日新聞社『新しい募集制度の解説』1973年、25-30頁および102-104頁。

た。このうち、総代理店制度については、「総代理店は、保険会社の委任により、一定地域における保険会社の経営活動を行う代理店で、米国などで見られる」ものであり、「保険会社支店網と事務・査定体制の不足の面をカバーするものとして発達してきた」が、米国でも保険会社支店網により代替されつつあり、とくにわが国の場合は、国土が狭いうえ保険会社の支店、営業網の拡充が進んでいることを理由として、当面の導入は見送られ、引き続きの検討事項とされた。

　一方、副代理店制度は、「登録代理店が、所属保険会社の承認にもとに、募取法第18条3項の規定にいう募集手数料の授受により、他の代理店に対して募集業務を委託しうる途を開こうという」ものであり、「代理店の募集業務上の協業化の一方法として有用な制度である」としながらも、「これが無制限、無秩序に行われる場合には弊害なども考えられる」として、実施にあたっての具体的要件についてはさらに検討することとなった。

（2）平成7年保険業法改正

　保険募集に関する規制は、平成7年の保険業法の全面改正（平成8年4月施行）により保険業法の第3編に取り込まれることとなった[10]。本改正では、「子会社を通じた生損保の相互参入」、「算定会制度の抜本的な見直し」および「保険仲立人制度（ブローカー制度）の導入」といった大きな改革がなされているが、中でも子会社を通じた生損保相互参入の実現は、前述した生命保険募集人の一社専属制を抜本的に見直す契機となった[11]。すなわち、一社専属制の下では、生命保険募集人がその所属保険会社等の保険契約しか取

---

[10] 安居孝啓編著『最新保険業法の解説[改訂版]』大成出版社、2010年、933頁。
[11] 栗山泰史「保険募集・販売ルールの変革と募集実務への影響－金融審議会「保険WG報告書」をどう受け止めるべきか－」損害保険研究第76巻第2号、2014年、135頁。

り扱えないことにより顧客の選択肢が限定され、また、保険代理店の業務展開が制限されるといった弊害が生じる懸念があったことから、平成7年保険業法第282条第3項は、生命保険募集人が2以上の所属保険会社等を有する場合においても、その保険募集に係る業務遂行能力その他の状況に照らして、保険契約者等の保護に欠けるおそれがないものとして政令で定める場合には、一社専属制は適用しないこととしたものである[12]。つまり、一社専属制の例外として、損害保険代理店については、提携する損害保険会社の生命保険子会社に乗合を認めること（いわゆる「クロス特例」）および生命保険代理店については、複数の生命保険募集人を有し、十分な専門知識をもつ教育担当者と業務の適正な管理が可能な管理者を置く場合には乗合を認めること（いわゆる「複数人使用人特例」が定められた[13]。

さらに、募取法の下では、生命保険募集人が行うことができる行為は保険契約の締結の媒介に限られ、損害保険代理店の行う行為は保険契約の締結の代理に限られていたが、平成7年保険業法では、生命保険募集人や損害代理店に保険契約の締結の代理を認めるか媒介に止めるかは保険会社が定められることとされた[14]。ただし、生命保険会社の委託を受けた生命保険代理店または損害保険会社の委託を受けた損害保険代理店が、更に別の者に委託すること（再委託）は、保険業法上認められなかった[15]。

---

[12] 安居、前掲注10) 955-958頁。
[13] 栗山、前掲注11) 136頁および日本生命保険、前掲注2) 495-496頁。
[14] 安居、前掲注10) 941頁（生命保険募集人に関しては、保険契約者のモラルハザード回避のため、保険の引受けの最終的な決定権限を保険会社が留保し、損害保険代理店に関しては、保険契約者の保険ニーズに即応して保険募集の現場で直ちに契約の締結がなされるよう、保険契約の締結の代理権が付与されるのが一般的となっている）。
[15] 東京海上火災保険株式会社編・江頭憲治郎＝小林登＝山下友信著『損害保険実務講座（補巻）保険業法　平成8年度施行法解説』有斐閣、1997年、218-222頁および日本生命保険　前掲注2) 491-493頁を参照。

2.2 保険自由化の進展と募集チャネルの多様化・大型化

（1）「委託型募集人」の登場と拡大

　平成7年の保険業法改正および日米保険協議の決着を嚆矢とする規制緩和は、「保険自由化」を進展させ、保険商品および保険料率の自由化や募集チャネルの多様化をもたらした。損害保険業界では、保険自由化によって経営の自由度が増す一方で、厳しい保険販売競争に直面することになり、経営の効率化を図ることが急務となる中で、損害保険会社の事業コストの太宗を占める販売関係費（代理店手数料などの募集関係費と社費のうちの営業費および一般管理費の合計額）を削減するために、代理店を中心とする保険募集チャネルの合理化・効率化を進め、募集現場における二重構造問題[16]を解消することはまさに喫緊の課題であったといえる。

　そのような募集チャネルの合理化・効率化を進めるための一つの方策として、大手損害保険会社は、保険会社100％出資の大規模代理店（以下、直資代理店という。）を設立し、それを高齢で後継者がいない個人代理店や小規模で十分な顧客対応が困難な中小代理店の受け皿とすることによって、代理店経営の効率化や活性化、さらには顧客サービスの向上を図ることが行われた。当初、このような直資代理店の使用人は、雇用契約に基づいて勤務することが基本であった。

　他方で、代理店の側でも、2001年の「代理店種別制度」廃止による代理店手数料の自由化に伴い、従来の手数料水準を維持するために、代理店間の合併（大型化）が盛んに行われるようになった。代理店間の合併の過程では、

---

[16] 募集現場における二重構造問題とは、募集活動において保険会社の社員と代理店との業務の棲み分けが明確でなく、また、長年の慣習で明確にできないまま放置されていたために業務に重複があり、その結果、保険会社は、募集活動に対して営業社員のコスト（営業費および一般管理費）と代理店のコスト（代理店手数料）を二重に負担しなければならないという問題である（佐野誠編著・中出哲・井口浩信著『損害保険市場論（八訂版）』損害保険事業総合研究所、2015年、143-145頁を参照）。

大型代理店が中小零細代理店を吸収合併し、その店主や使用人を自店で引き続き保険募集に従事させるためには、使用人として雇用することが必要になるが、これに伴うコスト負担は大きな課題となっていた。

　このような状況において、平成12年に、損害保険業界からの規制緩和要望の一つとして、「損害保険募集における派遣社員の活用」が提起され、これを受けて、金融庁の事務ガイドラインの改正があり、損害保険代理店の使用人の定義から「代理店と雇用関係がある者」という規定が削除された。そして、これを契機として、雇用関係に基づかない派遣社員などが代理店の使用人として保険募集に従事するようになった。いわゆる「委託型募集人」の登場である。

　こうして、委託型募集人に関する制度的裏付けを得た損害保険会社は、前述した直資代理店などを活用して、代理店の大型化・集約化を図る過程で「委託型募集人」を活用し、その一方で、代理店は、保険会社の政策とは関係なく、自らの経営戦略として委託型募集人を活用し、規模の拡大を図るようになったのである。その結果、委託型募集人は急速に拡大することとなった[17]。

（2）「総代理店制度」導入の検討

　平成15年の「規制改革推進3カ年計画（再改定）」（平成15年3月28日閣議決定）では、「保険募集人等の委託の在り方についての見直し」が検討され、その中で、いわゆる「総代理店制度」の導入が検討されている。これによれば、総代理店とは、（現行では）保険会社の各店舗が行っている管轄地域の営業推進や代理店の管理のような保険会社における販社的な業務を保険会社から受託する大型の保険代理店等である。そして、「総代理店を介

---

[17] 栗山泰史「「委託型募集人」が立つ二つの土壌」インシュアランス損保版第4553号、2014年、8-9頁および栗山、前掲注4）10-11頁を参照。

した復代理[18]による保険募集に係る委託契約を認めることで、総代理店の傘下にある代理店に対する選任・管理責任の明確化や保険会社の機能を分化させ販社的業務の外部委託による効率化が図れるとの指摘がある」とする[19]。つまり、総代理店は「保険会社の販社」的な役割を果たす「支店」として位置づけられるとともに、「総代理店を介した復代理による保険募集に係る委託契約を認める」ことにより、保険会社、総代理店および傘下代理店という3者間の法律関係が明確化になり、なによりも「総代理店の傘下にある代理店に対する選任・管理責任」の所在が明らかになる[20]と期待された。

しかし、平成16年3月の同計画フォローアップによれば、「保険募集人等の委託の在り方の見直し（総代理店制度の導入）について検討を行ったが、①保険会社が保険代理店に直接委託するのではなく、総代理店が委託することとした場合、保険会社が保険代理店における業務の適切な実施を確保できなくなる恐れがある、保険会社が自ら委託していない保険代理店の保険募集に関する賠償責任まで負うこととなる、多くの保険代理店を傘下に持つ総代理店は強い販売力を有するようになり、保険会社のコントロールが十分に働かなくなるおそれ、等の問題があること、②また、これらの問題に対処する方法として、総代理店に、保険代理店における業務の適切な実施の確保の責

---

[18] 「復代理」とは、代理人が、自己の名において更に代理人を選任し、その代理権限の全部又は一部を行わせること。復代理人は、本人の名において法律行為をし、その法律行為の効果は、直接本人に帰属する。なお、民法第104条～107条は復代理人について規定する。

[19] 金融庁総務企画局企画課保険企画室「参考資料②（保険募集の委託の在り方）」2011年、2-3頁。

[20] 大塚英明「特別寄稿「委託型募集人」の考察①」新日本保険新聞2014年1月6日号（3者間の法律関係については、保険会社は総代理店との間で「管理委託契約」兼「募集委託契約」を締結し、総代理店は個々の代理店との間で募集委託にかかる「復代理契約」を締結することになる。個々の代理店（募集復受託者）は、もっぱら総代理店（募集復委託者）のために契約募集を行い、保険会社との間には直接法的な関係を有しないとされる）。

任等を負わせること、総代理店は、保険会社の子会社に限ること、等が考えられるが、実際にはこうした要件を満たす総代理店は想定し難いこと、③更に、保険募集人等の委託について保険会社が外部に委託する具体的なニーズが認められないこと、から措置困難との結論に達した」。したがって、総代理店を介した復代理による保険募集を認める総代理店システムの導入は、検討の少なくとも初期の段階ではむしろ忌避されたといえる[21]。

（３）平成24年保険業法改正

平成23年4月8日に閣議決定された「規制・制度改革に対する方針」では、再び保険募集人等の委託の在り方の見直しが規制・制度改革の一つとして定められ、「保険会社の組織再編が進んでいることも踏まえ、復代理等も含めた保険募集人等の委託の在り方について、保険募集に関する業務の適切な実施や保険契約者の保護を確保する観点も十分に踏まえつつ、検討を行う。」こととなった[22]。これを受けて、保険募集の委託の在り方について、金融審議会ＷＧ「保険会社のグループ経営に関する規制の在り方ＷＧ」で検討がなされ、平成23年12月2日に、保険募集の再委託に関する基本的な考え方および（再委託を認める場合における）適正な保険募集を確保するための措置を示した報告書「保険会社のグループ経営に関する規制の見直しについて」が公表された。

同報告書は、保険募集の再委託に関する基本的な考え方として、「同一グループ内の保険会社を再委託者とし、再委託者が自らも保険募集の委託をしている保険募集人を再受託者とする場合に限定して、保険募集の再委託を認めることが適当である。」としたうえで、再委託を認める場合の適正な保険

---

[21] 大塚、前掲注20）を参照。
[22] 金融庁総務企画局企画課保険企画室、前掲注19）3頁。

募集を確保するための措置として、①再委託をする場合には、委託者である保険会社の許諾を要すること、②委託者である保険会社は、再委託者に対し、再受託者における適正な保険募集を確保するための措置を講じなければならないこと、③再受託者が保険契約者に加えた損害の賠償責任は、委託者、再委託者双方が負うこと、および、④保険会社がグループ内の他の保険会社の再委託を伴う保険募集を行うには当局の認可を要件とすること、が示されている。

そして、平成24年3月31日に公布された「保険業法等の一部を改正する法律」では、第275条3項以下が新設され、「募集の再委託」という包括的概念が保険業法の規定に盛り込まれることとなった。同改正を契機として、保険会社が同一グループ内の保険会社を通じて、当該グループ内保険会社の保険募集人に再委託を行う場合には、保険募集の再委託が認められることとなった。これは、保険会社のグループ化が進展する中で、グループ内の他の保険会社の販売基盤を活用するために、他の保険会社を再委託者とする再委託を認めてほしいとのニーズに対応したものである[23]。つまり、平成24年の業法改正は、もっぱら保険会社の「組織再編」を契機とする募集体制の合理化に対処するための改革であったといえる[24]。

---

[23] 石田満『保険業法 2015』文眞堂、2015年、620-621頁および佐野耕作・児玉勝義「改正保険業法および改正政省令の概要」金融法務事情1954号、2012年、79-80頁を参照。

[24] 大塚英明「特別寄稿「委託型募集人制度」について考察」新日本保険新聞2014年1月20日号。

2.3 保険募集を巡る環境変化とその対応

（1）金融審議会 WG 報告書「新しい保険商品・サービス及び募集ルールのあり方について」

損害保険業界では、前述のとおり、委託型募集人の活用によって代理店の集約化・大型化が進展し、一方、生命保険業界においても、一社専属制を基本としながら、平成 7 年の保険業法改正により例外的に代理店の乗合が認められた結果、生保の代理店において乗合が活発化し、中でも大型の乗合代理店は、委託型募集人を活用することによってさらに規模を拡大していった[25]。そして、そのような大型の乗合代理店は、主に生命保険商品の比較推奨販売を行ういわゆる「来店型ショップ」としてその存在感を増していく[26]。さらに近年は、インターネット等を利用した非対面型の保険販売や銀行の窓口販売など保険の販売形態は多様化が進んでいる。

こうした保険販売チャネルの多様化および保険代理店の大型化の進展という、近年における募集実態の変化に対応できるよう、保険募集体制の見直しが検討され、平成 25 年 6 月 7 日に金融審議会 WG 報告書「新しい保険商品・サービス及び募集ルールのあり方について」（以下、保険 WG 報告書という。）が公表された。保険 WG 報告書では、「保険商品・サービスのあり方」と「保険募集・販売ルールのあり方」という大きく 2 つの分野について検討した結果がまとめられているが、委託型募集人については、後者のうち「募集規制

---

[25] 栗山、前掲注17）11 頁（例えば、複数使用人を擁しないために複数使用人特例が適用されず乗合ができない生保代理店は、大型乗合代理店の委託型募集人となることによって、複数保険会社の生保商品を扱うことができるというメリットを享受し、一方で、大型乗合代理店は、有能な営業職員を引き抜くために、このような委託型募集人のメリットを強調するということが行われた）。

[26] 江澤、前掲注3）1015-1016 頁（一口に乗合代理店といっても、自動車保険などを中心とする損保系の乗合代理店と生保系の来店型ショップとでは、店舗展開やセールス手法にかなりの違いがある）。

の適用範囲等について」の中の「その他」で、以下のとおり取り上げられている。

> 法人の損害保険代理店においては、当局に対して届出を行った使用人については保険募集に従事させることができることとされている。当該使用人について、以前は、当該代理店と雇用関係を有する者に限られていたが、平成12年の規制緩和要望を受けて基準が見直された結果、代理店との雇用関係は使用人たる要件から削除されたところである。その結果、代理店は本来その使用人が行う募集業務について、教育・指導・管理を行うことが当然に求められるにも関わらず、代理店と第三者の間に形式的に委託契約等の関係があることをもって当該第三者を使用人として届け出を行い、適切な教育・指導・管理を行うことなく当該第三者に募集業務を行わせている可能性がある、との指摘がある。
> このような状況を踏まえれば、<u>使用人との間の契約関係の名目に関わらず、保険募集人が自らの使用人と位置づけて募集業務を行わせることが認められるのは、法令等に基づき使用人としてふさわしい教育・指導・管理等を受けている者のみであることを明確にすることが適当である。</u>（下線は筆者による）

　保険 WG 報告書は、結論として委託型募集人の廃止までは踏み込まず、まずは「教育・指導・管理」の徹底を要求している。また、その「注69」において、「法令上、保険募集の再委託は原則として禁止されていることに留意する必要がある。」と「注」を使って再委託に言及していることから、保険 WG 報告書が出された時点では、委託型募集人は必ずしも再委託に該当する

とは見做されていなかったのではないかとの推測もなされていた[27]。

WG の議論の中でも、「この問題は、委託型募集人、こういうものを保険募集人として認めないという監督をしていれば、ここで議論せずに済んだのかもしれないのですが、・・・一旦広がってしまったものを、突然監督のやり方を変えるということもなかなかしにくいということもありまして、このようにワーキングで議論をしていただいた上で、監督の仕方を変えていただくということかなと考えております。」[28]と、実務の状況に配慮しつつ、委託型募集人に対する監督方法の見直しの必要性が指摘されたところである。

(2) 委託型募集人の適正化と新たな募集体制の構築
① 委託型募集人の適正化へ

金融庁は、保険 WG 報告書の指摘を受けて実態調査を行い、一部の代理店で保険業法上の再委託禁止に抵触する恐れのある者、使用人の要件を満たさない恐れのある者を使用人として登録・届出を行っていることが確認されたため、適正化に向けた措置を講じることとした。すなわち、平成 26 年 1 月 16 日付で保険募集の再委託禁止に関する「保険会社向け総合的な監督指針」の改正案[29]を公表するとともに、保険会社や業界団体等へ宛てて、自社が代理申請会社である代理店の使用人について、平成 27 年 3 月末までに実態を調査し、不適切なケースについては適正化を図ったうえで、その

---

[27] 栗山、前掲注 17) 9-10 頁(委託型募集人の問題を巡る 2 つの土俵として、「損保業界における委託型募集人の活用による代理店の集約化・大型化に伴う弊害の是正」をどのように行うべきかという土俵と、「生保業界における(委託型募集人の活用による)一社専属制の潜脱行為の防止」という土俵が指摘される)。

[28] 金融審議会「保険商品・サービスの提供等の在り方に関する WG」(第 8 回)議事録(洲崎座長の発言)。

[29] 同改正案はパブリックコメントの手続きを経て、平成 26 年 3 月 18 日付で「保険会社向けの総合的な監督指針」(本編および別冊)の一部改正として適用が開始している。

結果を平成27年4月末までに報告することを徴求したのである[30]。

同改正前の監督指針では、損害保険代理店の使用人について、いわゆる使用人の3要件（代理店の事務所に勤務していること、保険募集に関し所定の教育を受けていること、その代理店の管理のもとで保険募集を行うこと）が定められていたが、使用人3要件は、当該代理店との間に雇用関係がなくても（委任関係であっても）充足できるものであったために、この3要件の解釈と運用が恣意的になされることにより、実質的に保険募集の再委託と同じ状態が生じている点が問題視されたものである。また、損害保険代理店の使用人とは異なり、生命保険代理店の使用人の取扱いについては監督指針上の規定がないという点もまた問題とされていた[31]。

これらの問題点を受けて、改正された監督指針[32]は、「Ⅱ-4-2-1 適正な保険募集管理態勢の確立」の中の「(1)保険募集人の採用・委託・登録・届出　①エ」において、損害保険代理店および生命保険代理店の使用人の要件を、次頁のとおり明確に規定している。

---

[30] 「金融庁　保険募集の再委託禁止で改正案－委託型募集人を来年3月末までに新形態へ」インシュアランス損保版第4553号、2014年、2-3頁。
[31] 足立格「＜講演録＞改正保険業法と改正保険監督指針－保険商品・販売における新規制の重要ポイント－」損害保険研究第76巻第3号、2014年、155-157頁を参照。
[32] 「保険会社向けの総合的な監督指針」
(http://www.fsa.go.jp/common/law/guide/ins.pdf) は、平成26年3月18日に改正された後、さらに同年9月16日に改正された。

> エ. 保険代理店において、保険募集に従事する役員又は使用人については、以下の要件を満たすことに留意する必要がある。
>
> （ア）保険募集に従事する役員又は使用人とは、保険代理店から保険募集に関し、適切な教育・管理・指導を受けて保険募集を行う者であること。
>
> （イ）使用人については、上記（ア）に加えて、保険代理店の事務所に勤務し、かつ、保険代理店の指揮監督・命令のもとで保険募集を行う者であること。
>
> （ウ）法第302条に規定する保険募集に従事する役員又は使用人は、他の保険代理店又は損害保険会社において保険募集に従事する役員又は使用人にはなれないこと。
>
> （注）法第275条第3項に規定する場合を除き、保険募集の再委託は禁止されていることに留意する必要がある。

　つまり、「保険代理店と委託契約を締結している使用人が保険募集を行うことは、従来から禁止されている保険募集の再委託に該当する」[33]ことが明らかにされたのであり、保険代理店から「使用人」への教育・管理・指導を行うためには、委任（委託）契約は相応しくなく、労働契約を裏付けとした使用者（保険代理店）の「指揮監督・命令」権限が必要である、との当局の考え方が示されたといえる[34]。

---

[33] 「金融庁　コメントの概要及びコメントに対する金融庁の考え方〔下〕－保険会社の総合的な監督指針の改正案パブリックコメント」インシュアランス損保版4563号、2014年、4頁。

[34] 錦野裕宗・稲田行祐共著『改訂版　保険業法の読み方　実務上の主要論点一問一答』保険毎日新聞社、2015年、188頁を参照。

② 新たな募集体制の構築へ向けた取組み

　金融庁による監督指針の改正および報告徴求命令を受けて、生命保険業界および損害保険業界では、それぞれ委託型募集人の適正化が図られている。生命保険業界では、もともと一社専属制の特例として認められてきた乗合代理店が、委託型募集人の活用によって急速に大型化し、近年は、主に生命保険商品の比較推奨販売を行ういわゆる「来店型ショップ」として台頭しているが、このような「来店型ショップ」は、委託型募集人を「雇用」の形態に切り替えるなどの措置を採っている[35]。

　一方、損害保険業界では、代理店を中心とする保険募集チャネルの合理化および効率化を図るべく、当初は保険会社が主導し、その後は次第に代理店独自の経営戦略として、委託型募集人を活用した代理店の集約化・大型化が進められてきたという経緯がある。そこで、従来の代理店と委託型募集人との関係にも配慮した適正化措置として、いわゆる「３者間スキーム」を活用することによる新たな募集体制の構築が図られている。「３者間スキーム」とは、従来の委託型募集人、その所属代理店（統括代理店）および保険会社の３者間で契約を締結し、役割分担を決めるスキームである。従来の委託型募集人は、この３者間契約に基づいた新設の個人代理店（３者間代理店）となり、統括代理店が保険会社との連携の下で、この３者間代理店の教育・管理・指導を行う。３者間スキームの標準的な体制は次頁の通りである。

---

[35] 例えば、保険の窓口グループは、2014年7月に委託型募集人の社員化を実施し、会社の体制を再構築した（「態勢整備進む代理店⑤保険の窓口グループ㈱【来店型】【訪問型（子会社）】」2015年4月30日付保険毎日新聞、7頁）。

【3者間スキームにおける標準的な体制】

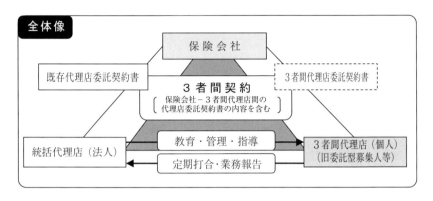

(3) 平成26年改正保険業法(平成26年5月23日成立、同月30日公布)

保険WG報告書は、監督指針の改正を通して委託型募集人の適正化と新たな募集体制の構築を促す契機となったが、それはあくまでも保険募集ルールを抜本的に見直すという大きな流れの中で、いわば「派生的に」生じた(あるいは明らかになった)問題への対応にすぎないといえる。すなわち、保険WG報告書の本来の目的は、募取法以降、平成7年の保険業法の全面改正に基づく保険の自由化の際にも積み残しになっていた、保険募集にスポットライトを当てた保険業法の本格的な現代化にあったといえる[36]。

平成26年5月23日に成立した「保険業法等の一部を改正する法律」(以下、平成26年改正保険業法という。)は、「保険募集の基本的ルールの創設」と「保険募集人に対する規制の整備」を大きな柱としており、前者については、保険募集人一人ひとりに対して、意向把握義務(第294条の2)および情報提供義務(第294条)という新たな募集規制を追加している。一方、後者については、保険募集人に対して業務の規模や特性に応じた体制整備を義

---

[36] 栗山、前掲注11) 143頁。

務づける規制（第294条の3）を導入しており、とりわけ、複数保険会社間の商品について比較推奨販売を行う乗合代理店は、適切に比較推奨販売を行えるよう教育・管理・指導をするための体制整備が求められる[37]。平成26年改正保険業法の施行（平成28年5月29日）に向けて、平成27年6月19日に損害保険業界では詳細な募集ガイド・マニュアルが整備され、準備が進められたところである[38]。

　平成26年改正保険業法は、委託型募集人に関する規定を置いておらず、その点では直接的な関係は見出せないが、委託型募集人を巡る一連の流れと今回の業法改正は決して切り離して考えることはできないであろう。繰り返しになるが、委託型募集人の問題は、保険募集ルールの見直しという大きな流れの中で、あくまでも「派生的に」生じた問題と位置づけられるが、今後、業法上の体制整備義務を果たすべく新たな募集体制を構築するための前提条件として、ある意味「必然的に」対応すべき問題であったという見方もできる。

---

[37] 洲崎博史「（講演）新しい保険商品・サービス及び募集ルールのあり方について～金融審議会「保険商品・サービスの提供等の在り方に関するワーキング・グループ」報告書の概要～」生命保険論集第187号、2014年、15-20頁（法形式上は乗合代理店に該当する場合でも、乗合代理店の内容は千差万別（その典型は、来店型保険ショップと自動車ディーラー）であるから、それらを一律に規制するのではなく、乗合代理店が比較推奨販売をする場合に的を絞って規律しようとするものである）。

[38] 日本損害保険協会『お客さまからの信頼を高めていくための募集コンプライアンスガイド〔追補版〕改正保険業法（2016年5月29日施行）対応』2015年（http://www.sonpo.or.jp/about/guideline/pdf/index/ boshuguide_e.pdf）。

3．今後の代理店および保険募集人規制のあり方

3.1 欧米諸国における状況

　欧米諸国では、保険代理店や保険ブローカー等は保険仲介者（Insurance intermediary or insurance producer）と呼ばれ、国によって状況は異なるものの、一定の免許要件や認可要件を通して、その専門的知識力、信頼性および責任負担能力が担保されている[39]。また、近年の欧州における規制の動向において、特に注目すべき点の一つとして、「保険会社と仲介業者の法律関係（募集委託関係）に着目するのではなく、顧客に対していかなるサービスを提供するかの見地から、募集主体の類型化が行われている。」との指摘がある[40]。

　例えば、ドイツはわが国と同様、伝統的に保険販売チャネルにおいて代理店が占める割合が高い（2014年では保険仲介者全体の約79％を占めている）。具体的な（独立）保険仲介者の内訳は、「免許を必要としない専属代理店」（もっぱら1社の保険会社の委託を受けて、または、商品が競合しない場合には複数の保険会社の委託を受けて保険仲介業務を行う者。全体の約66.3％

---

[39] 欧州では、保険仲介業務指令（2002/92/EC）が、保険代理店および保険ブローカー双方を保険仲介者として、その能力要件および登録義務ならびに保険仲介における顧客への情報提供義務を規定しており、EU加盟国は、本指令に沿って保険仲介者および保険仲介業務に関する国内法を制定している。また、米国では、保険事業に関しては州別の規制・監督制度が採用されており、各州は保険仲介者について厳格な免許・資格制度を定め、その資質の維持を図っている。なお、欧州では、2012年以降、保険仲介業務指令を含む募集規制の再整備がなされており、今後一層の消費者保護が図られていくことになる（損害保険事業総合研究所・研究部『欧米主要国における保険募集・保険金支払に係る規制と実態』2012年、24頁以下および320頁以下ならびに生命保険経営学会「生命保険経営」第83巻第4号、2015年、133-136頁および同第84巻第2号、2016年、127-128頁を参照）。

[40] 木下孝治「諸外国における保険募集法制の現状及びわが国の法制との比較」保険WG46-4（2008年9月16日）を参照。

を占める。)、「管轄の商工会議所の免許を必要とする専属代理店または乗合代理店」(約 12.8％)、「保険ブローカー」(約 19.6％)および「免許が免除される商品付随保険仲介者」(免許を取得した保険仲介者または保険会社の直接の委託を受けて、本業で提供する商品またはサービスの補完として保険仲介を行う者。約 1.4％)となっている[41]。

つまりドイツでは、募集主体たる保険仲介者の類型化において、厳格な免許要件を基礎としながら、顧客対応上問題がないと考えられる場合には、一定の条件の下で免許要件の例外が認められているといえる。すなわち、原則として1社の保険会社の商品のみを扱う専属代理店は免許が不要であり、本業の補完として保険の仲介を行う商品付随保険仲介者は免許の取得が免除されている。また、ドイツの販売チャネルは、専属代理店の割合が高いこともまた特徴である[42]。専属代理店は、保険会社にとって管理コストが高くつくものの、代理店と保険契約者との結びつきが強くなり、結果として契約継続率の向上に寄与するとされている[43]。

なお、ドイツ保険契約法第59条第2項は、「この法律において保険代理商とは、営業として保険者または保険代理商から保険契約の媒介または締結をなすことを委託された者をいう。」と規定し、保険代理商の契約の相手方は保険会社のみでなく、保険仲介人であってもよい[44]としている。この点に関

---

[41] GDV, Statistisches Taschenbuch der Versicherungswirtschaft 2015, S.12 (http://www.gdv.de/wp-content/uploads/2015/09/Statistisches_Taschenbuch_2015_Versicherungswirtschaft_GDV.pdf) および損害保険事業総合研究所・研究部、前掲注39) 80-82頁(免許要件として、過去5年間に犯罪により有罪が確定していない者、職業賠償責任保険に加入している者、知識試験に合格している者などの要件が法律上定められている)。
[42] 販売チャネル別の構成割合を見ると、一社専属仲介者(本業、副業および正規雇用の外務員を含む。)の割合は、2013年では、損害保険分野は 45.6％、生命保険分野は 42.5％、疾病分野は 54.5％となっている(GDV, a. a. O., S.13)。
[43] 損害保険事業総合研究所・研究部、前掲注39) 75頁。
[44] 新井修司・金岡京子共訳『ドイツ保険契約法(2008年1月1日施行)』日本損害保

しては、わが国において保険募集の再委託が原則として禁止されているのとは大きく異なっており、注目される。

3.2 わが国における代理店と保険募集人の「自立と自律」

　わが国における保険募集規制の経緯および委託型募集人を巡る一連の動向を概観して、今後、わが国における代理店と保険募集人のあり方として、「自立と自律」が求められると考えられる。すなわち、代理店および保険募集人は、保険販売の専門家（プロフェッショナル）として、顧客のリスク管理をサポートすること、つまり、顧客に潜在的なリスクを認識させ、リスクを評価し、そのリスクに応じた適切な保険商品を、顧客ニーズを把握しかつ顧客の意向に沿う形で販売することが求められる。それと同時に、保険募集に関するコンプライアンスの徹底を通じて「自らを厳しく律すること」で代理店および保険募集人自身のリスク管理もきっちり行うことが必要になる[45]。

　さらに、わが国では、保険募集・販売ルールが改正され、保険募集規制は新たなフェーズに移行しつつある。すなわち、従来のような、保険会社と代理店あるいは代理店と使用人といういわば保険業界の「内なる関係」を重視した規制から、代理店および保険募集人の「自立と自律」を前提として、保険販売の専門家（プロフェッショナル）として適切な保険募集に基づく「顧客との関係」を重視した規制へと大きく転換しつつあると思われる。そして、このような顧客サービスを重視する傾向は、近年の欧州における保険仲介者をめぐる動向からも見て取ることができる。

　今後は、顧客サービスを一層向上させ、それによって保険市場全体の活性

険協会・生命保険協会、2008年、242-245頁（実務では、保険代理企業の復代理商が考えられる）。

[45] 栗山泰史「保険における製販分離について考える」インシュアランス損保版4549号、2014年、13頁を参照。

化を図るべく、保険会社と代理店および保険募集人が協力し合うことがますます重要になるであろう。

　なお、本稿の執筆においては、日本損害保険協会の坂本仁一氏および岩崎武氏ならびに佐藤修三氏（前損害保険事業総合研究所「損害保険研究」編集室長）より数々の貴重なご教示を賜った。心より厚く感謝を申し上げたい。

報告者プロフィール
(掲載順)

岡部 繁樹（おかべ しげき）
★金融審議会保険ＷＧ報告書の評価と課題
　　株式会社サンクス保険サービス　代表取締役
　　一般社団法人日本損害保険代理業協会　会長

葛石 智（かっせき さとし）
★保険仲立人からみた保険業法改正－保険仲立人と乗合保険代理店の市場競争－
　　株式会社日本総険　代表取締役社長
　　一般社団法人日本保険仲立人協会　会長

窪田 泰彦（くぼた やすひこ）
★来店型保険ショップの現状と展望
　　ほけんの窓口グループ株式会社　代表取締役会長兼社長
　　あいおい損害保険株式会社代表取締役副社長、あいおい生命保険株式会社代表取締役社長を歴任後、現職

鈴木 将之（すずき まさゆき）
★静岡銀行の保険販売体制
　　株式会社静岡銀行　個人部ビジネスリーダー（2014 年シンポジウム当時）

栗山 泰史（くりやま やすし）
★保険募集ルールの新たな地平
　　丸紅セーフネット株式会社　常勤監査役
　　一般社団法人日本損害保険協会　シニアフェロー
　　一般社団法人日本損害保険代理業協会　アドバイザー
　　株式会社損害保険ジャパン常務執行役員、一般社団法人日本損害保険協会常務理事を歴任後、現職

大塚 英明（おおつか ひであき）
★保険「募集」概念の再検証と新たな保険契約者保護規制のあり方
　　早稲田大学法学学術院　教授
　　日本保険学会　理事
　　早稲田大学法学部、早稲田大学大学院法学研究科出身
　　主な著書・論文に、「損害保険代理店委託契約書コンメンタール（上）（中）（下）」（保険教育出版）、「コンメンタール新相互会社法」（青林書院）　など

江澤 雅彦（えざわ まさひこ）
  ★保険募集規制の展開―比較情報提供をめぐって―
    早稲田大学商学学術院　教授
    日本保険学会前理事長
    全国労働者共済生活協同組合連合会　理事
    早稲田大学商学部、早稲田大学大学院商学研究科出身、八戸大学（現八戸学院大学）商学部助教授、早稲田大学商学部助教授を経て現職
    主な著書に、「生命保険会社による情報開示」（成文堂）　など

大塚 忠義（おおつか ただよし）
  ★保険販売業の確立への展望―保険業法改正（2014）からの視点―
    早稲田大学商学学術院　助教
    日本保険年金リスク学会　理事
    早稲田大学理工学部数学科、武蔵大学大学院経済学研究科ファイナンス出身
    主な著作に、「経済価値ベースのＥＲＭ」（中央経済社）、「バブルの正しい防ぎ方　金融民主主義の勧め（共訳）」（日本評論社）、「生命保険業の健全経営戦略　財務指標とリスク測定手法による早期警戒機能」（日本評論社）　など

崔　桓碩（チェ ファンソク）
  ★保険募集チャネルの多様化と消費者ニーズ
    早稲田大学保険規制問題研究所招聘研究員
    八戸学院大学ビジネス学部　助教
    早稲田大学大学院商学研究科出身
    主な論文に、「韓国における生命保険規制・監督の新しい方向性に関する考察」保険学雑誌第625号、「生命保険会社の海外進出に関する研究－日本と韓国の比較を中心に－」生命保険論集第186号　など

内藤 和美（ないとう かずみ）
  ★委託型募集人の適正化―新たな保険募集体制の構築―
    早稲田大学保険規制問題研究所招聘研究員
    慶應義塾大学商学部非常勤講師、関東学院大学経済学部非常勤講師
    お茶の水女子大学文教育学部外国文学科、一橋大学大学院商学研究科出身
    三井海上火災保険株式会社、一橋大学大学院商学研究科特任講師などを経て現職
    主な著書・論文に、「損害保険講座テキスト　損害保険とリスクマネジメント（2016年度版）」（共著）（損害保険事業総合研究所）、「Ｄ＆Ｏ保険とコーポレート・ガバナンス」損害保険研究第76巻第4号　など

保険販売の新たな地平
― 保険業法改正と募集人規制 ―

早稲田大学保険規制問題研究所(代表:大塚英明)編

2016年7月1日 発行

発行所	㈱保険毎日新聞社
	〒101-0032 東京都千代田区岩本町1-4-7
	TEL 03-3865-1401／FAX 03-3865-1431
	URL http://www.homai.co.jp
発行人	真鍋幸充
編集	森川正晴
デザイン	一ノ瀬サチ
カバーデザイン	塚原善亮
印刷・製本	㈱進栄商会

ISBN 978-4-89293-273-1
© Research institute on insurance supervisions and regulations, Waseda University (2016)

本書の内容を無断で転記、転載することを禁じます。
乱丁・落丁はお取り替えいたします。